RAFAEL FAYOS FEBRER
(ED.)

EDUCAR CON EL RELATO

EUNSA

EDICIONES UNIVERSIDAD DE NAVARRA, S.A.
PAMPLONA

Serie: Educación

Cupón para la Biblioteca Virtual

Accede a la versión eBook de este título por solo **1,99 €**. Con la compra de este libro puedes utilizar el siguiente cupón para la lectura en *streaming** desde la Biblioteca Virtual. **Sigue estas instrucciones** para visualizar tu libro:

1. Dirígete a la web de la Biblioteca Virtual en **https://ebooks.eunsa.es**.

2. En la web ve a **Iniciar sesión** e introduce tu email y contraseña. Si no estás registrado, deberás completar el proceso en **Registrarse**.

3. Tras registrarte, accede a la página del libro o lee el QR de esta página. Bajo el precio podrás **insertar el código oculto en el siguiente cupón** para activar la promoción.

Despegue para visualizar

Acceso directo al eBook

Canjéalo en ebooks.eunsa.es

*Con acceso a internet desde cualquier navegador.

© 2024. Rafael Fayos Febrer (Ed.)
Ediciones Universidad de Navarra, S.A. (EUNSA)
Campus Universitario • Universidad de Navarra • 31009 Pamplona • España
+34 948 25 68 50 • www.eunsa.es • eunsa@eunsa.es

ISBN: 978-84-313-3924-1
DL NA 214-2024

Imagen de la portada
Pixabay

Printed in Spain – Impreso en España
Imprime: Podiprint

Índice

Segunda Parte
EDUCACIÓN Y RELATO LITERARIO

Introducción

Relato y educación.
Aproximaciones desde el pensamiento de Romano Guardini

Rafael Fayos Febrer
Universidad CEU Cardenal Herrera

Introducción

El ser humano siempre es "el mismo" pero no "lo mismo" a lo largo de toda su existencia. Su identidad permanece invariable, siempre es el mismo sujeto, no cambia. Sin embargo, reconocemos en su trayectoria vital etapas de maduración y crecimiento que lo van transformando hasta hacer de él un adulto que aparentemente poco o nada tiene que ver con el niño que fue. Unidad y multiplicidad en un equilibrio y constante tensión son el marco en el que se despliega y florece la vida humana que habitualmente estructuramos en etapas (Guardini, 2022). Se podría objetar que lo mismo sucede en el mundo animal. También las bestias pasan por fases de crecimiento que marcan su desarrollo. Sin embargo, nos distanciamos de ellas por un gran elemento. En el caso del hombre no se trata simplemente del mismo individuo sino de la misma persona como señala Guardini: "Pero en todas estas fases quien vive es siempre una misma y única persona. No sólo el mismo individuo biológico, como sucede con el animal, sino la misma persona que se conoce a sí misma y responde de ella misma o de la fase en cuestión" (Guardini, 2000, p. 443). El autor señala dos experiencias que nos confirman esta realidad: la memoria y la previsión. Recordar no consiste en hacer presentes acontecimientos pasados sin más. Al hacer memoria la persona los coloca en relación "(…) con su propio ser, como acontecimientos de su vida, en la que todo, aun dentro de sus diferencias, vuelve a reunirse y contribuye a la realización –o a la frustración– del sentido de la existencia" (Guardini, 2000, p. 443). Y lo mismo sucede con la previsión, cualquier proyecto o acción futura siempre se encuentra en conexión con el presente de tal forma que el evento futuro hace parte de mi existencia personal concreta. En el animal, sin embargo, solo existe el presente inmediato, no es capaz de recogerse y mirar lo pasado ni tampoco puede atisbar un futuro que no sea el próximo inmediato, no hay trayectoria vital, no hay biografía.

A la luz de todo lo anterior podemos decir que, en nosotros, aunque solo existe el presente, con frecuencia contemplamos el pasado que fue y ya no es, pero que sin embargo da vida a todo lo que soy. De hecho, perder la memoria no es olvidar únicamente sucesos sino quién soy y con ello mi identidad. Desde ese presente me lanzo hacia el futuro que no es, pero será y en el que residen mis esperanzas, es decir, proyectos, metas e ilusiones que algún día espero alcanzar (Marías, 1995, p. 86). Cuando el presente es tan radicalmente trágico que impide mi proyección hacia el futuro aparece entonces un fenómeno tan inquietante y trágico como la ya mentada pérdida de memoria: la desesperación, es decir, la imposibilidad de esperar algo del futuro. La identidad aquí también queda anulada porque ya no quiero seguir siendo quien soy, deseo desaparecer aquí y ahora, poner fin a mi relato.

A la pregunta quién soy responde una narración que nos precede y nos proyecta hacia un futuro. En ella se concitan otras plumas, por ejemplo, la de nuestros padres y la de Dios. Además, este relato no comparece nunca aislado, sino formando parte de una gran red narrativa en la que están insertos muchos otros relatos. Francesco Botturi señala de manera muy acertada esta característica de nuestra propia narración:

"Pero, es propio de cada narración pertenecer (mucho o poco) a una precedente secuencia de narración, a una cualquiera tradición narrativa ya existente. En ámbito biográfico, en primer lugar, antes de que empiece una narración propia, hemos sido ya narrados por otros; nuestra narración ha sido precedida siempre de la narración de quién nos ha llevado en el seno y de aquellos que nos han cuidado. Nuestro mismo nombre ha sido narrado antes de que nosotros viniéramos a la existencia y es parte de una narración familiar" (Botturi, 2023, p. 78).

La estructura narrativa de la persona que apenas hemos esbozado es el cimiento sobre el que se ha edificado este libro. De algún modo y tímidamente, pues la cuestión es amplísima, ilustramos en esta obra en qué medida los relatos bíblicos y también literarios son un elemento no solo importante, como se evidencia en todo tiempo y lugar, sino decisivo en la educación y maduración humana y cristiana de la persona. En este primer trabajo intentaremos esclarecer qué significa educar y en qué medida el relato puede contribuir a ello, siempre de la mano de Romano Guardini. En el resto del volumen que está dividido en dos grandes secciones, una centrada en el relato bíblico y otra en el relato literario, se ilustrará la educación y el relato reflexionando sobre el valor formativo que entrañan ciertos textos literarios tan variopintos como *Los novios de Manzoni* o *La divina comedia* de Dante, como también bíblicos, tal es el caso de la *Parábola de los Talentos*. El libro también contiene un par de ensayos que nos invitan y enseñan a confrontar la narración bíblica con la propia y nos descubren la estructuras narrativas comunes en todo relato humano. Pasamos a continuación a desarrollar nuestra pequeña aportación al volumen.

1. Educación y relato en la vida de Romano Guardini

Qué es educar en el pensamiento de Romano Guardini ha sido expuesto en varios trabajos (Fayos 2019, 2020, 2021) del autor de estas líneas y por lo tanto, parte de lo que ahora escribamos ya ha sido dicho. Lo novedoso de cuanto ahora diremos estriba en la conexión de la educación con el relato, perspectiva que todavía no había abordado un servidor. Empezamos exponiendo el punto de partida de Guardini con relación a la educación: "El acto de educar presupone al hombre haciéndose. Él es ya él mismo, porque, si no, sería justamente otro; pero por otra parte, vive en la posibilidad de llegar a ser él mismo, porque si no, no necesitaría hacerse" (Guardini, 2000, p. 455). Es decir, somos algo determinado pero no acabado. Entre estos dos polos, lo dado y lo indeterminado, se despliega la vida del hombre. Ahora bien, cuando voy concretando y realizando aquello que todavía en mí es posibilidad no lo algo al margen de mí mismo. Si yo llego a ser esto o aquello es porque de algún modo ya estaba presente en mí en la forma de posibilidad (Guardini, 2020, p. 56). Por eso, puedo decir tras un periodo de tiempo formativo que llegado a ser yo mismo y también podemos afirmar que educar

"(…) es conducir a la persona en desarrollo hacia lo que todavía no es; pero esto solo puede hacerse desde lo que ella ya es. No cabe educarla para algo absolutamente extraño, sino para algo cuyas bases lleva dentro de sí misma. Cabría decir, en cierto sentido, que sólo es posible educar para algo que la persona ya es en forma de posibilidad: para que llegue a ser ella misma. Por tanto, educación significa ayudar al hombre a encontrarse a sí mismo" (Guardini, 2000, p. 455).

Tras lo dicho anteriormente, nos parece acertadísima "(…) la frase de J. Choza, *el hombre debe aprender a ser quien es para serlo*" (Yepes Stork; Aranguren, 2009, p. 24) y educar es acompañarlo en esta tarea.

Pero llegar a ser yo mismo tengo que salir de mí mismo. Yo me hago en la medida que salgo de mí: "Llegar a ser uno mismo no lo logra el hombre en desarrollo quedándose encerrando en él mismo, sino precisamente en la medida en que, saliendo de sí, accede a lo que no es él, a lo que está enfrente a él, es decir al objeto" (Guardini, 2000, p. 455).

En este reto en que consiste la educación nos preguntamos ahora: ¿qué papel juega el relato? Por un lado, salta a la vista que afirmar que el hombre es un ser en devenir, dado pero al mismo tiempo por hacer, es otro modo de decir que posee una estructura narrativa. Así en el descubrimiento de aquello que soy y aquello que estoy llamado a ser se esconde una historia, un proyecto que tengo que ir realizando no en soledad, sino asistido por la Providencia y por aquellos que no solo han escrito ya una historia sino que me enseñan a escribir la mía. Por otro lado, la educación exige salir de uno mismo y de hecho la lectura, examen y contemplación de otros relatos, literarios y bíblicos, es sin duda una de las mejores maneras de explorar la geografía humana y el mundo exterior.

Desde estas coordenadas cobra especial relevancia la conexión entre Romano Guardini y San Agustín. En el filósofo ítalo-alemán ocurre algo especialmente singular. Como escribimos en un pequeño trabajo sobre ambos autores debemos reseñar que "Guardini, de temperamento tímido y actitud modesta, no solía hablar de sí mismo, pero elegía a hombres insignes con los que se sentía identificado para expresar sus ideas a partir del comentario de sus obras" (Fayos, 2012, p. 331). Nuestro autor opta por el análisis de una obra marcadamente biográfica para dar voz a las experiencias de su propio relato[1]. Así Romano Guardini dedicará el ensayo

---

1. "Eugen Biser ha però notato, a ragione, che Guardini non fa parlare l'esistenza propria, ma che il suo interesse si accende sull'intreccio tra vita e pensiero di altri. (…) Cosí Guardini, per affinità elettiva, si rivolge a un pensiero,

Principio. Una interpretación de San Agustín (Guardini, 1963) a comentar los primeros capítulos de *Las confesiones*. También le dedicará otra obra *La conversión de Aurelio Agustín* (Guardini, 2013) donde examina el proceso interior en *Las confesiones*. En ambos filósofos pensamiento y vida quedan íntimamente entrelazadas. Desde un punto de vista metodológico

> "Ni Agustín ni Romano Guardini son asistemáticos, pero también es verdad que se da en ellos una atención a la vida misma y sus experiencias que se convierte en muchas ocasiones en método de reflexión. Ambos repiensan los grandes temas de la existencia humana a partir de profundas experiencias vitales, como por ejemplo, la conversión" (Fayos, 2012, p. 331).

Efectivamente, en ambos filósofos existe un hecho en su relato, la conversión, que los une significativamente. En *Apuntes para una autobiografía* (Guardini, 1992) encontramos descrito el momento de duda e incertidumbre en la fe por el que pasó el joven Guardini.

> "Una noche discutí sobre religión con un estudiante que llevaba una vida dispendiosa y que afirmaba ser kantiano. Le expuse los argumentos habituales a favor de la existencia de Dios y él me rebatió siguiendo los procedimientos del pensamiento de la Crítica Kantiana. Toda mi fe se desvaneció entonces; o, más exactamente, noté que ya no tenía fe. Era el verano de 1905" (Guardini, 2012, p. 94).

Guardini volverá a creer, pero ya desde una perspectiva mucho más vital y menos teórica y, sobre todo, con la convicción de que sólo en la Iglesia se encuentra el entorno adecuado donde crecer y

---

che lo tocca intuitivamente in ciò che gli è più proprio. Così si offre soltanto una rappresentazione mediata di se stesso, che pure è la dimostrazione della vera forza di Guardini" (Gerl, H. B., 1988, pp. 327-328).

madurar la fe (Guardini, 2012, pp. 98-100). En esta experiencia adquirirá especial relevancia el hecho de que

> "Quien quiera conservar su alma la perderá, quien la de la salvará. (…) poco a poco me había ido quedando claro que existe una ley según la cual el hombre, cuando conserva su alma, es decir, cuando permanece en sí mismo y acepta como válido únicamente lo que le parece evidente a primera vista, pierde lo esencial. Si por el contrario quiere alcanzar la verdad y en ella su auténtico yo, debe darse" (Guardini, 2012, pp. 98-99).

En resumen, en la propia biografía de Guardini encontramos los rasgos del proceso educativo y de maduración personal que él luego expondrá en sus obras. Sobre todo, el punto de que solo puedo llegar a ser yo mismo en la medida que salgo de mí mismo y me encuentro con la realidad y también con el relato de otros con los que me identifico y que me orientan a la hora de trazar mi propia ruta personal.

Tras este brevísimo acercamiento entre la educación y el relato en Romano Guardini, veamos qué nos puede decir nuestro autor acerca del valor educativo del relato bíblico.

2. La fe en el relato bíblico

En un comentario al Salmo 110 Guardini señala algunas ideas que pueden iluminar el papel del relato y su memoria en la vivencia de la fe. Subraya nuestro autor que cuando el judío veterotestamentario piensa y reflexiona sobre su fe lo hace de un modo muy distinto al hombre de hoy: "Cuando el creyente del Antiguo Testamento trata de penetrarse de la verdad de la Revelación, del mensaje divino que le ha llegado, vuelve su mirada a la historia de su pueblo" (Guardini, 1965, p. 231). Creer no es tanto asentir una doctrina cuanto "situarse en una historia que obra Dios". En esa historia cobra especial importancia la Alianza con Dios en el Sinaí. Desde este hecho central para el pueblo de Israel se interpreta toda su fe y desde ella toda la realidad. Así, por ejemplo, la justicia para un judío poco o nada tiene que ver con dar a cada uno lo suyo en razón de lo que es o de lo que hace. El judío trae al presente lo sucedido en el pasado y lo actualiza. La Alianza sigue viva y desde ella aprende y deduce lo que es la justicia. Por ello, insiste Guardini, justicia para el judío que lee y reza con los salmos "(…) no ha de entenderse como el hombre que vive conforme a la ley moral válida para todos y que se pone ante Dios sobre la base de una experiencia religiosa accesible a todos, sino aquel que vive en obediencia respecto a la ley de la sagrada Alianza" (Guardini, 1965, p. 232).

Creer para aquellos hombres dista mucho de la actitud de los cristianos nacidos tras la modernidad. Para los modernos la fe se mueve más bien en el ámbito del asentimiento racional de una serie de principios o verdades: "entre nosotros el contenido de la fe fácilmente adquiere el carácter de un sistema de proposiciones de validez universal, de las que se está convencido, semejante al sistematismo de la filosofía, sólo que más alto, más comprensivo, caracterizado por el rasgo de ser sagrado y salvador" (Guardini, 1965, p. 232). Con ello, la experiencia religiosa pierde el carácter narrativo y por lo tanto vital y existencial que debiera tener con todo lo que esto conlleva con relación al sentido de la vida y la relación personal con Dios. El hombre moderno y postmoderno haría bien en insertar en su vida en el relato de Dios. También él necesita contemplar las narraciones bíblicas para aprehender de ellas qué es la fidelidad, qué es el amor esponsal, qué es la justicia, etc.

La condición de posibilidad de la vinculación de nuestra fe con el relato divino y personal reside en la aceptación de la condición de creatura. Desde la Edad Moderna se ha desterrado de la autocomprensión del hombre esta categoría. Esto ha tenido importantes consecuencias ya que "implica una gran diferencia el modo de ver su origen que tenga el hombre: el creer que procede de las muchas necesidades de una evolución vista como puramente natural o el estar convencido de haber sido pensado por la sabiduría de Dios, llamado por su majestad, y mantenido en un sagrado 'tú'" (Guardini, 1965, p. 239). Solo si el hombre acepta su origen en Dios puede contemplar su existencia como un relato donde él escribe, o mejor dicho, donde Dios escribe junto a él. ¿Qué significa esta aceptación? Ante todo, que en el origen de mi vida no está sólo el hecho de proceder biológicamente de unos padres sino de que he sido llamado a la existencia, es decir,

"mi autocomprensión alcanza su punto decisivo cuando digo: «Dios me creó». Pero incluso esta expresión no es suficientemente clara. Debe decirse: «Tú, Dios, me has creado. Yo procedo de Tu voluntad, que me quiere como persona libre». Ahora es cuando el concepto de creación alcanza su pleno sentido" (Guardini, 1997, p. 89).

Y para Dios no somos un individuo más de la especie humana. No es una decisión en grupo o generalista sino de tú a tú, es una llamada a la existencia y a establecer una relación personal con cada una de las personas. No ha dicho: ¡que exista el hombre! o ¡que exista este hombre! Más bien el mandato a la existencia sería "«¡Tú, hombre, existe!». Dicho con más exactitud. «Yo, el Señor, te llamo a ti, como ser personal, a la existencia»" (Guardini, 1997, p. 89). Este es el inicio de nuestro relato y nuestra respuesta parte de su contenido.

Sólo así la fe adquiere la forma de relato. En la memoria de los hechos obrados por Dios no solo se recuerda, sino como en el hombre del Antiguo Testamento, se actualizan los hechos. Así el relato "tiene una especie de carácter sacramental, mediante el recuerdo en oración se hace viva en quien la recuerda, bendice el momento, ilumina y da fuerza y actúa en el avance de la historia de la salvación hacia el provenir prometido" (Guardini 1965, p. 234). De este modo la fe también nos educa, nos da forma, nos configura cristianamente y nos dispone para que Dios siga sirviéndose de nuestra biografía para configurar la gran historia de la salvación.

3. Cosmovisión y literatura

Para cerrar estas breves notas sobre relato y educación en Romano Guardini quisiera abordar la cuestión de la "Cosmovisión católica del mundo" que fue el contenido de las clases de nuestro autor en la universidad de Berlín desde 1923 hasta 1939. En *Apuntes para una autobiografía* Guardini habla de los pormenores de cómo llegó a la vida académica y a impartir clases en la Universidad de Berlín. Desde instancias políticas como también universitarias se promovió la idea de crear una cátedra "(…) que permitiera a los estudiantes católicos acceder a una exposición de la verdad católica que respondiera a las exigencias académicas" (Guardini, 1992, p. 43). El ministerio de cultos entendió que Guardini podría llevar a cabo esta tarea. Aunque el pensador ítalo-alemán dudó en un inicio, finalmente aceptó el reto. Las dificultades fueron enormes desde un punto de vista material, es decir, encontrar una vivienda adecuada y traslado de muebles y libros, como también académicas, en el sentido de que la universidad de Berlín siendo protestante veía con recelo unos cursos sobre cosmovisión católica. De hecho,

"La facultad de filosofía rehusó asumir en su estructura tal cátedra temerosa de contaminar su ámbito propio y específico, la filosofía, con asignaturas de carácter teológico. Así pues, la cátedra que se le ofreció a Guardini terminó dependiendo de la Facultad de Teología Católica de Breslau. Su titular, tendría el permiso de residir en Berlín y de impartir allí sus clases como profesor invitado" (Fayos, 2015, p. 95).

Pero el mayor reto fue asumir el contenido de estas clases. Evidentemente no existía un tratado sobre cosmovisión católica del mundo y tuvo que indagar y preguntar a otros académicos como afrontar la tarea encomendada. Empezó por analizar y profundizar en el concepto de mismo de cosmovisión católica. Al final de un amplio ensayo dedicado al tema Guardini la definió así:

> "Es la mirada que, en su fe, dirige la iglesia al mundo, desde la perspectiva del Cristo vivo, y en la plenitud de su totalidad, que está por encima de todos los tipos. Para el individuo, es la mirada al mundo que le permite su fe: una mirada conformada por la imagen especial de su esencia pero que se amplía hasta una totalidad relativa, por el hecho de que ese hombre de tipo determinado se encuentra inserto en la iglesia, mira desde ella y participa así de la actitud de la mirada" (Guardini, 1982, p. 26)[2].

Pero tras este primer acercamiento había que llenar de contenido esa cosmovisión. Aquí jugó un papel importante Max Scheler. Él le aconsejó que acudiera a los relatos, es decir, a las obras de los grandes autores de la cultura occidental, y a través del análisis de sus personajes dedujera la actitud y visión cristiana que los determinaba.

---

2. Definí la *Weltanschauung* cristiana como la mirada sobre la realidad del mundo que se hace posible a partir de la fe, y la doctrina de la *Weltanschauung* como la búsqueda teorética de sus presupuestos y contenidos (…) significaba "instalarse dentro de la revelación y la posibilidad de ver desde ella el mundo, que en ya en sí mismo es obra del Dios que se revela, en su verdad propia" (Guardini 1992, 53).

"Max Scheler fue el único que me dio un consejo útil. En el primer semestre expliqué las principales formas de la doctrina de la redención. Naturalmente esto era un pretexto, pero había que comenzar con algo y debía partir de lo que tenía. Scheler dijo que la cosa así no funcionaba, que tenía que desarrollar los principales puntos de vista aplicándolos a objetos concretos, como por ejemplo un análisis de las figuras de Dostoievski, que entonces estaba de modo" (Guardini, 1992, p. 57).

De esas clases nacieron algunos libros como los que hemos citado de San Agustín y otros como *Pascal o el drama de la conciencia cristiana, El universo religioso de Dostoievsky, La muerte de Sócrates, El ángel en la Divina Comedia*, etc. Vemos aquí, por lo tanto, como el recurso a la literatura es el modo cómo Guardini educó a la juventud alemana durante su primer periodo universitario, es decir, desde 1923 hasta 1939 cuando las autoridades nazis clausuraron su cátedra en la universidad de Berlín.

Quisiéramos detenernos a modo de ejemplo en la figura de Sócrates[3]. Se podría objetar que es un autor pagano, pero recordemos que el cristianismo encontró en Grecia los presupuestos racionales para la articulación filosófica y teológica de su fe (Jaeger, 2004). Sócrates no está lejos del cristianismo, como tampoco Aristóteles tan querido para Tomás de Aquino o Platón, más cercano a Agustín. La lectura de *La muerte de Sócrates* nos pone delante una idea que aparece con frecuencia en las obras de Guardini: "(...) nuestro tiempo, a pesar de todo su escepticismo, anhela una interpretación de su vida diaria hecha a partir de lo eterno" (Guardini, 2002, p. 110). Si lo "eterno" lo identificamos con lo "incondicional", el

---

3. El texto que sigue hasta el final del apartado 3 reproduce con ligeras variaciones la entrada en mi blog de Romano Guardini *La desaparición de lo trágico y la aparición de la desgracia. https://guardiniromano.blogspot.com/2016/11/la-desparicion-de-lo-tragico-y-la_18.html*

volumen de *La muerte de Sócrates* se convierte en un alegato de la cita que acabamos de referir. En Sócrates y en su discípulo Platón, que es el redactor de los textos (los diálogos: Eutrifón, Critón y Fedón; y la Apología de Sócrates) que se comentan en este volumen, la idea de la incondicionalidad de la verdad y del bien, el papel central que juegan en la realización de la vida del hombre, y la fidelidad a estos valores en medio de las contingencias de la vida diaria, se convierten en el núcleo de sus filosofías. Concretamente de Platón escribe Guardini:

"Su filosofía ha puesto en claro para siempre una cosa: tras la confusión de la sofística ha mostrado que existen valores incondicionados, que pueden ser conocidos y, por tanto, que hay una verdad; que esos valores se reúnen en la elevación de lo que se llama 'el bien', y que ese bien puede realizarse en la vida del hombre, según las posibilidades dadas en cada caso. Su filosofía ha mostrado que el bien se identifica con lo divino, pero que, por otra parte, su realización lleva al hombre a su propia humanidad, al dar lugar a la virtud, la cual representa vida perfecta, libertad y belleza" (Guardini, 2002, p. 109).

Ya en tiempos de Guardini, y sobre todo durante los doce años de domino nazi, la verdad y los valores de la justicia y el bien fueron no solo relativizados sino pisoteados y masacrados. Pero también hoy, a causa del escepticismo imperante y de la dictadura del relativismo nos encontramos en una situación similar:

"El hombre contemporáneo está perdiendo cada vez más intención y capacidad para realizar lo incondicional. Pero sólo lo incondicional, confiere a la vida su sentido, aunque sea en su forma negativa sintiéndose culpable. El hombre que se encuentra en esta situación permanece frío ante el valor, que no le conmueve. Encogiéndose de hombros, se dirige a la tangibilidad de lo cotidiano" (Guardini, 2000, p. 796).

Los libros nacidos sobre los análisis de las grandes obras de la cultura occidental sirvieron a Guardini para educar y ofrecer desde la cátedra universitaria principios a partir de los cuales configurar existencia humana desde las raíces del cristianismo.

4. Conclusión

Concluimos aquí este primer capítulo en el que nos hemos querido acercar a la cuestión de la educación y el relato bíblico y literario desde la persona y obra de Romano Guardini, autor que constituye el centro de la labor investigadora del que redacta estas líneas desde hace algunos años.

Ciertas cuestiones aquí tratadas volverán a retomarse en los próximos capítulos. Por ejemplo, en la segunda parte del volumen *Los novios* de Manzoni, *El taller del orfebre* de Karol Wojtyla o *La divina comedia* de Dante son examinados como textos con un alto valor formativo o como transmisores de principios básicos de doctrina cristiana. Son buenos ejemplos de lo que Guardini llamaría cosmovisión cristiana de la realidad. Así mismo, el capítulo titulado *Conocerse a través de las narraciones bíblicas* ilustra muy bien en qué medida la misma fe cristiana posee ciertamente un elemento biográfico, histórico y narrativo que no podemos dejar de lado y que indudablemente contribuye a una plena vivencia religiosa, haciéndose patente en los numerosos relatos bíblicos.

Concluyo subrayando una vez más que el volumen no ha procurado en ningún momento ser exhaustivo con el tema que aborda. Más bien, y volviendo a Guardini, se trata de un ensayo entendido como tentativa de acercamiento a una cuestión de grandísimo calado. Con una cita del pensador ítalo-alemán que bien puede aplicarse a este volumen concluimos este capítulo introductorio:

"El trabajo es calificado de propósito como un «ensayo»; todo en él es un primer esbozo. Las tesis y las soluciones están menesterosas, sin duda, de múltiples mejoras. (…) Todavía queda mucho por hacer" (Guardini, 1996, pp. 63-64).

Bibliografía

Botturi, F. (2023). Generatividad en la familia y en la cultura. *Un amor incondicional. Ensayos a propósito de Amoris Laetitia*. Rafael Fayos Febrer y Eduardo Ortiz Llueca (Eds). CEU Ediciones.

Fayos, R. (2012). La ciudad de Dios y El ocaso de la Edad Moderna: ensayo de aproximación. *Espíritu* nº 144. pp. 329-349.

Fayos, R. (2015). Romano Guardini y la cosmovisión cristiana en la universidad. *Razón de la universidad* Rafael Fayos Febrer (Coord.) CEU Ediciones. pp. 91-104.

Fayos, R. (2019). Devenir y libertad. Reflexiones desde el pensamiento educativo de Romano Guardini. *I Diálogo entre las ciencias, la filosofía y la teología Volumen I* Editorial UFV. pp. 175-187.

Fayos, R. (2020). "Romano Guardini educador y pedagogo". Estudio introductorio *a* R. Guardini, *Fundamentación para una teoría de la formación*. EUNSA. pp. 10-50.

Fayos, R. (2021). "¿Qué es educar? Comentario sobre tres páginas de Ética. Lecciones en la Universidad de Múnich de Romano Guardini". *Guardini: un hombre para todos los tiempos*. Sara Gallardo (Coord.) Fundación Universitaria Española. pp. 169-193.

Gerl Falkovich, H. B. (1988). *Romano Guardini. La vita e l'opera*. Morcelliana.

Guardini, R. (1963). *Principio. Una interpretación de San Agustín*. Editorial Sur.

Guardini, R. (1965). El principio de todas las cosas. Meditaciones sobre los tres primeros libros capítulos de Génesis. *Meditaciones teológicas*. Ediciones Cristiandad.

Guardini, R. (1982). La esencia de la concepción católica del mundo. *Cristianismo y sociedad*. Sígueme.

Guardini, R. (1992). *Apuntes para una autobiografía*. Encuentro.

Guardini, R. (1996). *El contraste. Ensayo de una filosofía de lo concreto viviente*. BAC.

Guardini, R. (1997). *La existencia del cristiano*, Madrid: BAC, 1997.

Guardini, R. (2000). *Ética. Lecciones en la Universidad de Múnich*. BAC.

Guardini, R. (2002). *Una ética para nuestro tiempo*. Cristiandad.

Guardini, R. (2013). *La conversión de Aurelio Agustín. El proceso interior en sus Confesiones,* Descleé de Brouwer.

Guardini, R. (2020). *Fundamentación de la teoría de la formación*. Palabra.

Guardini, R. (2022). *Las etapas de la vida*. Palabra.

Jaeger, W. (2004). *Cristianismo primitivo y paideia griega*. Fondo de Cultura Económica.

Marías, J. (1995). *Antropología metafísica*. Alianza editorial.

Yepes Stork, R; Aranguren, J. (2009). *Fundamentos de antropología*. EUNSA.

Primera parte
Educación y relato bíblico

Conocerse a través de las narraciones bíblicas

Ana Belén Álvarez Haya
Universidad Católica de Valencia San Vicente Mártir

Introducción

La virtud presupone conocimiento. En torno a esta afirmación gira nuestra reflexión. El conocimiento del bien y del mal, de aquello que influye en nuestro "florecimiento", de la vida buena es condición indispensable para el camino que recorre el virtuoso. Pero, ¿cómo podemos llegar a este conocimiento si resulta tan difícil salir del filtro del subjetivismo y relativismo? Las narraciones bíblicas vienen en nuestra ayuda. Testimonian experiencias universales que nos abren a un conocimiento que complementa al conocimiento del "qué" (argumental), al que recurrimos frecuentemente en la educación, para abrirnos las puertas al conocimiento del "cómo", a través de las experiencias en segunda persona, en las que aprendemos no sólo las acciones (dimensión práctica de la virtud) sino también y, sobre todo, las intenciones y emociones que generan.

Conocemos qué es la virtud a través de la filosofía y de la teología. Ambas aportan un conocimiento convincente. Pero también conocemos qué es la virtud a través de las narraciones bíblicas. Estos relatos nos ofrecen un conocimiento sugerente. El conocimiento filosófico-teológico nos ayuda a una mayor comprensión de la virtud; los relatos bíblicos nos muestran el modo en el que podemos vivir mejor con ella.

A través de algunas narraciones bíblicas, en concreto, sapienciales, nos adentraremos en el modo en el que los relatos nos acompañan en el conocimiento del otro pero, sobre todo, en el conocimiento que nos lleva a un cambio de vida, expresión de una existencia virtuosa.

Se nos plantea el reto de discernir la posibilidad de la educación en virtudes a través del relato y comenzaremos nuestra reflexión no desde la educación sino desde el relato. La profundidad y la naturaleza sugerente del relato nos llevarán a concluir que el camino de la virtud es más que convincente para una educación que saque del ser humano lo que ya lleva dentro, es decir, una historia que merece la pena ser contada.

1. Relatos

Nos resulta fascinante leer y escuchar historias. El relato abre una vía entre el que cuenta y el que recibe. Es una vía diferente a la del conocimiento proposicional, el "conocimiento que", al que nos acerca, por ejemplo, la filosofía. Los relatos abren el camino de la experiencia, que conecta la primera, la segunda y la tercera persona (yo-tú-él). Iremos viendo a lo largo de esta reflexión el mecanismo de esta interrelación de la mano de Eleonore Stump (2010).

Podríamos decir que una de las intenciones más evidentes del relato es la de ayudarnos a comprender al ser humano y su mundo desde la experiencia personal, y aquí utilizamos el término personal para expresar lo integral del ser humano, que hace posible que él mismo y sus experiencias sean comunicables. Esta dimensión experiencial hace que los relatos sean continuamente susceptibles de interpretación, del que cuenta y del que abre el oído. Este acento de subjetividad les da una fuerza que toca la misma intimidad de emisor y receptor porque les hace experimentarse de una forma muy sencilla como sujetos, ya sea para identificarse con la experiencia y reconocerse, para sentir el contraste o para cuestionarse sobre la propia existencia a partir de la narración. Los razonamientos discursivos ayudan, por supuesto. Las narraciones nos comprometen. Leemos e interpretamos sin haber sido protagonistas de las historias pero estamos comprometidos por el mero hecho de compartir la condición humana. Y, ¿a qué nos comprometen? En primer lugar, a tomar en serio la palabra del otro sobre su vida y su existencia. En segundo lugar, a tomarnos en serio a nosotros mismos. En tercer lugar, a tomar en serio el mismo sentido de la existencia. A través de las narraciones podemos aprender "vicariamente" lo que podríamos haber aprendido por la experiencia (Stump, 2010). De ahí una de las primeras claves, que desarrollaremos más adelante, para comprender la relación entre los relatos y la educación.

Por otra parte, las narraciones dan contexto a lo que hemos aprendido de un modo más discursivo, lo atraviesan con la historia. Los argumentos pueden asumir la carne en los relatos y eso los convierte en respuestas más concretas y cercanas al interrogante humano. No basta con entender el mundo… aunque ésa sea una prioridad legítima en la mente del ser humano; es necesario también aprender a amarlo porque desde el amor empezamos a establecer un orden que nos facilita la existencia. Las narraciones, por tanto, nos ayudan a comprender mejor nuestro mundo y nuestra existencia humana, no sólo para "saber" sino para saborear el mundo, para vivir mejor en éste, para la vida buena. De aquí, una segunda clave, en este caso para entender la relación entre los relatos y las virtudes.

Cuando hablamos de cognición, solemos referirnos al conocimiento que proviene de los postulados y argumentos que atribuimos al "conocimiento que". Si aplicamos esta inteligencia al conocimiento de personas, el resultado es un acercamiento a las acciones de las que éstas son sujetos. Pero el ser humano es capaz de conocer no sólo las acciones de alguien sino también sus emociones e intenciones. Las investigaciones sobre las neuronas espejo nos ayudan a explicar esta intuición (Stump, 2010). El "conocimiento que", conocimiento proposicional, puede deducir una emoción sin sentirla pero el mecanismo espejo revela un conocimiento que, en realidad, es un reconocimiento en el que el observador obtiene el mismo estado emocional que el que relata la experiencia: ve la intención, la emoción, la aprende y la siente. Es un conocimiento que comporta, también, ambigüedad, porque parte de una percepción pero, al mismo tiempo, el hecho de que sea una percepción, hace que en muchas ocasiones sea imposible dudar de ella.

Este tipo de conocimiento que genera la interacción de personas da lugar a tres tipos de experiencia: en primera persona, en segunda persona y en tercera persona. De estos tres tipos de experiencia serán las experiencias en segunda persona aquellas en las que el sistema de neuronas espejo opera paradigmáticamente. La experiencia en segunda persona es diferente de la experiencia en primera y en tercera persona porque en ella es necesario, y no en éstas últimas, que se interactúe consciente y directamente con otra persona, que es consciente y presente al interlocutor como una persona, de un modo u otro. Es una experiencia que no requiere el contacto causal del que conoce con la persona conocida y, por tanto, puede darse a partir de relatos cuyos personajes son ficticios (Stump, 2010).

Un relato en primera persona da información sobre una experiencia que un "yo" ha vivido en primera persona. En un relato en tercera persona se da información sobre alguna característica de otra persona. ¿Y en un relato en segunda persona? ¿No sería este tipo de relato una variedad de los otros dos? Según Stump (2010), las experiencias en segunda persona no pueden reducirse a experiencias en primera o tercera persona sin más y, por tanto, no pueden ser captadas por relatos en primera o tercera persona tampoco. El conocimiento de personas accesible en las experiencias en segunda persona no puede reducirse a "conocimiento que". Se puede hacer algo para representar la experiencia en segunda persona en tal modo que se pueda compartir en algún grado con otros que no formaron parte de ella para que, al menos, algo del conocimiento generado por la experiencia esté disponible también para ellos. Eso es generalmente lo que hacemos cuando contamos una historia. Una historia toma un conjunto real o imaginario de experiencias en segunda persona de una clase u otra y la hace disponible a una audiencia más grande. Hace posible, en un grado u otro, que una persona experimente algo que habría experimentado si hubiese sido una espectadora en la experiencia en segunda persona representada en la historia, si hubiese tenido una interacción personal no mediada con los personajes de la historia mientras ellos eran conscientes e interactuaban entre ellos, sin en realidad formar parte la persona de esa historia. La re-presentación de una experiencia en segunda persona es una historia que constituye un relato en segunda persona. Una historia real no puede ser captada o más bien reducida a un conjunto de proposiciones no narrativas. Un contador de historias dirige la atención a revelar elementos que, de otro modo, habrían escapado a los espectadores. Por eso los mismos eventos pueden dar lugar a variantes de historias, todas verídicas. Lo que puede ser conocido de una real o imaginaria experiencia en segunda persona a través de una historia depende, en parte, del contador de historias (Stump, 2010).

Los relatos, por tanto, nos hacen entrar en el mundo de la existencia. Según Nussbaum (2018), los argumentos que provienen de la filosofía mueven nuestro intelecto a partir de una serie de razones elegidas por el filósofo. Sin embargo, las narraciones abren la puerta a una visión global de la existencia humana con la que nos identificamos y a la que no sólo asentimos intelectualmente. MacIntyre (2013) afirma que los seres humanos disciernen las cosas importantes y la conducta refiriéndose a las historias que conocen.

2. Relatos bíblicos

El concepto "experiencia de fe" recorre la Sagrada Escritura. La historia de salvación que narra revela la relación entre el ser humano y Dios a través de la fe. Las experiencias que componen esta historia están generadas desde la fe y para la fe, es decir, para una mayor comprensión del ser humano en cuanto ser humano en su relación con Dios. Sería en este momento en el que tendríamos que preguntarnos por el estatuto epistemológico de los relatos bíblicos. Según el modo en el que comprendamos el sentido de las experiencias de fe, podremos hablar de la capacidad de los relatos que las narran de generar conocimiento y, más aún, de generar un conocimiento que vaya más allá del conocimiento preposicional.

Es muy interesante plantearnos que los relatos bíblicos producen conocimiento no sólo en el creyente sino también en el que no cree. Por tanto, aquí se trata de mostrar dos cosas: en primer lugar, la potencia generadora de conocimiento de los relatos bíblicos para creyentes y no creyentes y, en segundo lugar, que el conocimiento que generan es un conocimiento en segunda persona, es decir, que podemos experimentar lo que hubiésemos experimentado si hubiésemos interactuado con las personas protagonistas de esa narración.

Las narraciones bíblicas tienen una intención que va más allá de explicar conceptos. Dan un sentido a nuestra mirada, literalmente, nos dicen para qué estamos hechos. El conocimiento que generan se puede traducir por sentido. De ahí, en gran parte, su carácter epistemológico. Responden a una de las grandes cuestiones del ser humano sin obviar una de las dimensiones que recorren todo su ser, la trascendencia. Esto no les quita credibilidad. Al contrario, se la da. Abre nuestro techo humano, tapiado tantas veces por discursos ideologizados e ideologizantes y deja espacio a la cuestión.

Por otra parte, para ver que el conocimiento que generan es un conocimiento en segunda persona, recurriremos a algunos relatos en concreto. Los relatos que tienen como protagonista a Job, por ejemplo, evidencian la posibilidad de experimentar lo que se narra y nos convierten en interlocutores ficticios dentro de una historia que es nuestra historia, de un relato que es nuestro relato, ya que toca uno de los pilares que hace tambalear nuestra existencia humana: el sufrimiento. En el libro de Job las experiencias en segunda persona no están únicamente presentes en las narraciones en prosa sino que también lo son los discursos que encontramos en el libro (Stump, 2010).

Otros relatos que aportan conocimiento en segunda persona son los primeros capítulos del libro del Génesis. Las experiencias del inicio, de la tentación, de la duda, de la desnudez, de la quiebra del sentido... no son solamente teorías. Son el contexto en el que sentimos lo que pudieron sentir Adán y Eva, es decir, son experiencias cargadas de significado que no sólo dan una versión sobre la naturaleza humana sino que, al poder entrar en el relato e interactuar con los protagonistas, nos ayudan a sentirnos plenamente identificados con esa naturaleza. Es más, el relato bíblico tiene como protagonistas al ser humano pero también a Dios y, en este sentido, podemos decir, que en el interior del relato nos reconocemos como seres humanos en relación con otros y como seres humanos en relación con el Otro, que es también protagonista implícita o explícitamente de cada narración bíblica. Por tanto, experimentamos nuestra naturaleza humana en relación a los demás y a la trascendencia. De hecho, sin esta trascendencia resulta realmente complicado defender principios como la dignidad humana que en los relatos bíblicos queda perfectamente delineada gracias a la apertura a la trascendencia.

3. Concebir la vida narrativamente

"Concebir la vida narrativamente" (Hibsman, 2022) nos parece una expresión preciosa y cargada de significado y sentido. Cuando los relatos se convierten para nosotros en relatos en segunda persona, empiezan no sólo a ayudarnos a entender sino a afectarnos, entendiendo el término "afectar" desde su etimología (affectare: aproximar, acercar; afficere: disponer, preparar). Leer de este modo nos acerca, nos dispone, nos prepara para concebir nuestra vida narrativamente. Y esto, contribuye a nuestro florecimiento. Al autoconocimiento, ligado al florecimiento, se llega a través del reconocimiento de uno mismo en diferentes perspectivas. El autoconocimiento está mediado por el conocimiento del autoconocimiento de otros, es decir, por el reconocimiento en la experiencia del otro. Nos conocemos, por tanto, reconociéndonos en experiencias en segunda persona que nos ayudan a distanciarnos de nosotros mismos para acercarnos más en profundidad a nosotros mismos. Esto que se da a través de los relatos, tiene una peculiaridad en los relatos bíblicos porque el reconocimiento que nos proporcionan es relativo a una experiencia particularmente singular, la experiencia de fe. Afirmamos que la fe, por ser expresión de la dimensión trascendente del ser humano, genera un conocimiento muy profundo de la realidad porque nos hace ir más allá de las apariencias para buscar el quid de la existencia. Según Hibsman (2022), a lo largo de nuestra existencia vamos dando forma a nuestras percepciones de la realidad. El poder de los relatos está en que vuelven a dar forma a esas percepciones, tanto para el que escribe como para el que lee. En este sentido debemos preguntarnos las implicaciones que esta intuición tiene para ambos. En primer lugar, imaginar el modo en el que una audiencia escucharía las narraciones de nuestra vida puede transformar el modo en el que nosotros nos vemos a nosotros mismos. Por tanto, es importante elegir cuidadosamente a los que serán la audiencia de nuestras vidas.

En segundo lugar, si la clase de narraciones que imaginamos tener puede dar forma al modo en el que nos percibimos y experimentamos a nosotros mismos, debemos elegir cuidadosamente en qué narraciones nos sumergimos. Los relatos que hacemos nuestros conforman el relato que queremos que sea nuestra vida. Y, al mismo tiempo, heredamos la forma de entender lo que vivimos a través de una red de narraciones que se nos han ido entregando a lo largo de nuestra vida. La red de relatos en los que elegimos sumergirnos puede dar forma al modo de entender nuestras vidas. Por eso es importante que nos preguntemos qué historias nos contamos y qué historias contamos a los que amamos (Hibsman, 2022).

Entrar en esta dinámica supone entender de un modo diferente (o del mismo pero con otra profundidad) los relatos "edificantes" que encontramos en la Sagrada Escritura porque edifican no sólo o no tanto por los valores y virtudes que encarnan y que nos quedan mucho más claros cuando leemos estos relatos sino, sobre todo, porque construyen nuestra paciencia, nuestra valentía... ayudándonos a experimentar lo que experimenta Job siendo paciente, la madre de los macabeos animando a sus hijos al martirio... Esos relatos se convierten en nuestro repertorio emocional y afectivo, que ordena nuestra forma de afectarnos por la realidad, de responder a los estímulos que recibimos constantemente y, por tanto, de relacionarnos. Nos edifican en la relación que nos constituye, la relación de amor (Ortiz, 2019). Las narraciones bíblicas tienen un alcance emocional pero es necesario incardinarlas en un contexto afectivo más amplio, en el contexto interpersonal que reconoce el impacto moral y religioso de estas narraciones. Una parte de lo que aprendemos con los relatos y, en concreto, con los relatos bíblicos se puede comunicar sin éstos, pero otra parte no. La cuestión queda sobre la mesa. ¿Qué parte de lo que se aprende con los relatos no puede comunicarse sin ellos? Trataremos de ir discerniendo algunos elementos que converjan en una posible respuesta.

Las relaciones personales constituyen el corazón de algunas de las cuestiones que tocan más profundamente la existencia humana. El problema del sufrimiento sería una de estas cuestiones. Los contadores de historias son expertos en relaciones personales, por ello las narraciones no son únicamente añadidos a las respuestas que da la filosofía a las cuestiones existenciales sino que ayudan a avanzar en el pensamiento. Con los relatos algo se pierde (cierto orden) y algo se gana porque se pasa de lo convincente a lo sugerente (Stump, 2010). Las narraciones nos ayudan a pasar de un mundo susceptible de ser demostrado a un mundo susceptible de ser amado y, al final, lo sugerente, se convierte también en convincente para el ser humano porque, en tantas ocasiones, ¿qué es más convincente que la intuición?

Los relatos en los que nos conocemos y reconocemos recrean historias que narran relaciones interpersonales. Éstas son, fundamentalmente, historias de amor y las historias de amor son la trama de nuestra existencia, que condicionan nuestra mayor cercanía o lejanía del florecimiento. Las narraciones interpretan y hacen volver a nuestra memoria lo que somos, nuestro mejor yo y también nuestra mayor debilidad. Nos animan a ser lo que queremos ser. Nos edifican.

Concebir nuestra vida narrativamente es ser consciente de que existimos en el tiempo, el tiempo que recorre el pasado, el presente y el futuro. Es el tiempo *kronos* pero, sobre todo, el tiempo *kairós*. El tiempo no sólo pasa; te pasa. Tiene profundidad y eso es lo que permite que tenga una trama, que no sea únicamente una sucesión de hechos. Por esto las relaciones interpersonales no son sólo sucesos en nuestras existencias. Las relaciones interpersonales pasan y nos pasan. Queramos o no, nos atraviesan profundamente y son también capaces de dar profundidad a nuestras vidas. De ahí la importancia de buscar herramientas para que puedan construir la trama de vida a la que somos llamados como seres humanos, con su inmanencia pero también con su trascendencia.

Las relaciones interpersonales, argumento principal de los relatos que nos transforman, apuntan a la búsqueda de aquello que responde a las expectativas del corazón humano: el amor verdadero. Los relatos se construyen con el hilo del amor y el desamor, en cualquiera de sus versiones pero todos, en lo más íntimo de la intimidad, buscan amar y ser amados de verdad. Este amor recorre el arduo camino de una vida centrada en uno mismo a una existencia "descentrada" de uno mismo y con la mirada puesta en el otro. Es la difícil pero grandiosa tarea de sustituir los "príncipes azules" por los "héroes morales", en los que se puede ver encarnado el amor verdadero. Habiendo vivido tantos fracasos seguimos siendo capaces de amar porque hemos sido amados. Y a esto llegamos a partir de la apertura a la trascendencia, que nos salva de vivir resignados, para poder mirar hacia el cielo a través de un techo que nunca está tapado del todo.

Hemos abierto el cielo y los relatos, en concreto los relatos bíblicos, nos están siendo de gran ayuda para conseguirlo. Pero la experiencia en la que nos sumergimos a través de las narraciones va más allá. La inmanencia, el cómo vivir, forma también parte de nuestra existencia y del contenido de las narraciones. Éstas nos hablan de un amor verdadero que apunta a lo trascendente pero también de decisión del corazón. De ahí el que podamos hablar de la experiencia de las virtudes a través de los relatos bíblicos.

4. Virtud y existencia

Las virtudes, como hábitos o inclinaciones estables a pensar, obrar y desear el bien, nos facilitan la vida. El ser humano tiene una naturaleza personal que nos dice que somos personas pero que, al mismo tiempo, aprendemos a serlo en plenitud. Necesitamos, en este sentido, ir descubriendo el "cómo". Si la vocación al amor verdadero nos constituye y de esa búsqueda son testimonio las relaciones interpersonales que vamos fraguando a lo largo de nuestra vida, las virtudes, como inclinaciones a amar el bien y evidenciarlo desde todas nuestras facultades, nos ayudarán a vivir esas relaciones de un modo adecuado y a crecer de una forma integrada y, por tanto, serán un fundamento para encontrar el amor verdadero. San Agustín expresa esta idea en numerosas ocasiones en sus obras: *mi peso es mi amor; él me lleva doquiera soy llevado* (Confesiones, 13,9,10).

Las virtudes nos preparan para recibir el don pero vivir en virtud es ya un don. Este círculo nos permite no caer ni en el espiritualismo ni en el voluntarismo. Educación y gracia se completan, se sostienen y se enriquecen. Voluntad, libertad y gracia se completan. Es el círculo que nos ayuda a interpretar nuestra existencia, en la que experimentamos el don y la fragilidad y desde ahí podemos abrir nuestro discurso a Dios.

Un concepto que nos puede ayudar a entrar en profundidad en esta reflexión es el del deseo. Los relatos bíblicos muestran un gran repertorio de deseos que hunden sus raíces en el corazón humano y que mueven nuestra inteligencia y voluntad. Stump (1998) recoge la intuición de Frankfurt (2006) que, refiriéndose a la estructura de la voluntad en el ser humano, distingue entre los deseos de primer y segundo orden, que corresponderían al querer y al querer querer. Para Frankfurt (2006) el deseo de segundo orden (querer querer) es el que representa lo que verdaderamente se quiere. Y, al final, es ahí donde nos la jugamos y donde radica la potencia de la educación. El ser humano desea en la "superficie" pero es un poco más adentro, en lo que desea desear, donde descubre la libertad de la voluntad y llega a querer lo que quiere querer.

Las narraciones bíblicas expresan muy bien este segundo orden de deseo, de voluntad y el hecho de que es ese desear lo que constituye a la persona que se nos presenta en el relato. La Sagrada Escritura está llena de historias de fragilidad, de pecado. No en vano hablamos de historia de la salvación. Un ejemplo claro es el del rey David, cuyo corazón se apegó a un deseo que fue destruyéndole a él y a todos los que tocó: y fue justamente una historia, un relato del profeta Natán (2Sm 12,1-15), el que hizo que ese deseo volviese a lo que en realidad él deseaba desear, la relación con Dios. La historia del rey David nos muestra que cuando un deseo se apodera de nuestro corazón genera unas fuerzas que nos pueden llevar a la destrucción o a la santidad (2Sm 11; 12,15-25). Y nos revela también que la salvación llega para David a través del relato del profeta, que le hace volver a lo que desea desear, le vuelve a explicar quién es y, sobre todo, quién es en su relación con Dios. Es interesante ver cómo el rey David, en su confrontación con la historia de Natán, no se reconoce en ninguno de los personajes sino que se pone como juez y espectador. Es el momento en el que Natán le dice: "ése hombre eres tú" cuando se reconoce, se conoce de una forma más profunda (probablemente nunca pensó que sería capaz de llegar a actuar de ese modo) y empieza a ver con claridad: "he pecado contra el Señor" (2Sm 12,13).

Este último matiz nos hace ver que las experiencias que contienen los relatos no son siempre claras y transparentes para nosotros. Esto puede deberse, en parte, al repertorio de deseos de segundo orden que tenemos. Antes afirmábamos que las virtudes nos facilitan la vida en nuestra búsqueda del bien, en nuestra decisión por el bien; en este sentido, tener un repertorio de deseos de segundo orden nos ayuda a vivir en coherencia nuestros deseos más "superficiales", es decir, nuestros deseos de primer orden. ¿Y cuando nuestros deseos de primer orden se alejan de lo que, en lo profundo, deseamos? Incluso en esa situación, tener un repertorio de deseos de segundo orden contribuye a que, antes o después, podamos vernos reflejados en éstos, como en un espejo en el que se distinguen el bien o el mal de los deseos de primer orden. Por tanto, aunque entremos con cierta opacidad en las experiencias que relatan las narraciones, el hecho de haber ido cultivando deseos de segundo orden, hace que estas narraciones, y las experiencias que cuentan, despierten esos deseos y, en concreto, el deseo de la conversión. Nuestros deseos de primer orden entran con frecuencia en conflicto. Salimos del conflicto cuando decidimos qué deseo deseamos desear (Stump, 1988). Es la trama de nuestras existencias. Es la trama de los relatos.

5. Educar en contar tu historia: las historias de mi vida

Aprender a leer la historia en estos términos es fundamental para la educación. La historia pone en cuestión toda teoría. Los relatos sapienciales que encontramos en la Sagrada Escritura son un claro testimonio de esto. Ante la realidad caen las fórmulas, los moralismos, las teorías, no porque no sean válidos y legítimos sino porque la realidad pone en crisis continuamente nuestra concepción de la realidad. Afirmábamos que, en este sentido, los libros sapienciales son un ejemplo porque reflejan que las teorías aplicadas a las relaciones interpersonales, pueden acabar malinterpretando a alguno de los protagonistas de la historia y simplificando la experiencia. Los relatos, entre otras, tienen la función de llamar la atención y, por tanto, de invitar al pensamiento crítico.

Además, "contar la propia historia" nos introduce directamente en una relación interpersonal porque la cuentas a otro, sea real o imaginario, con una intención y, por tanto, una objetividad. Contar la propia historia nos hace salir de la subjetividad y nos pone en relación, nos ayuda a universalizar nuestra experiencia en ese universo que ya somos tú y yo. En ese sentido, podemos decir que las narraciones, no sólo expresan relaciones interpersonales sino que, en sí mismas, son relación interpersonal.

Hemos subrayado a lo largo de toda esta reflexión el modo en el que los relatos, y en concreto los relatos bíblicos, contribuyen a que hagamos una experiencia en segunda persona que nos lleva a conocernos mejor y, por tanto, a la vida buena que está unida al florecimiento personal. Eso significa, como hemos afirmado anteriormente, que los relatos vienen en nuestra ayuda para reflejar, como en un espejo, lo que somos y lo que podemos llegar a ser. Este "lo que somos y lo que podemos llegar a ser" son una expresión de la vida en virtud. Las virtudes nos facilitan la vida. Identificarnos con las experiencias virtuosas y contrastarnos con las que no lo son en los relatos, nos pone ante nuestra realidad de grandeza y debilidad y nos abre la puerta a una vocación que es siempre trascendente y siempre encarnada.

El nexo entre relato y virtud resulta, a nuestro modo de entender, evidente. Unir ahora el binomio relato-virtud a la educación es dar un paso más que evidente. La etimología del término educar nos lleva a un doble origen. Por una parte, educar se relaciona con el verbo *educare*, criar, alimentar en sentido literal, que podemos llevar al sentido figurado de formar, instruir, guiar, orientar. Por otra parte, *educere*, que abre al sentido de hacer salir, extraer, sacar de.

Educar tiene, por tanto, dos "sentidos" entre el que educa y el que es educado, y no nos referimos ahora a los sentidos literales y figurados del término. El que educa alimenta, instruye pero, al mismo tiempo esta instrucción viene a "llenar" un vacío que el que educa está llamado a evidenciar en el que es educado. El punto de partida es la pregunta, el asombro, la curiosidad, la admiración. El que educa ayuda a extraer esta actitud esencial para el conocimiento. Y aquí un nexo fundamental con el relato. Las narraciones tienen ese potencial del educador, no sólo instruyen sino que abren a la pregunta, a la admiración y, por tanto, al conocimiento y al autoconocimiento. No sólo forman en la virtud sino que hacen que podamos entrar en relación con personas virtuosas y con las que no lo parecen tanto para experimentar, en la relación con ellas, la sensación del que vive en la virtud y del que no. Eso abre en el ser humano la vía afectiva, no sólo la intelectual. Por eso nos gusta escuchar historias.

Educar en contar la propia historia se convierte en una herramienta poderosa para el camino en la virtud. Hemos tratado de fundamentar esta intuición pero no podemos concluir sin dar un paso más intentando discernir el modo en el que podemos hacerlo. Porque lo que hemos hecho hasta ahora es, al fin y al cabo, teoría. Si la narración de la propia historia, de nuestros amores y desamores, de nuestras relaciones interpersonales, nos abre a la vida buena; si el encontrarnos en los relatos de otros, de sus amores y desamores, de sus relaciones interpersonales, nos abre al autoconocimiento... podemos afirmar que educar en los relatos es fundamental para el ser humano. Y educamos en el relato de la vida, nuestra o de los demás, a través de los relatos.

El ser humano se narra pero, como hemos afirmado hasta ahora, su narración proviene también de otras narraciones. En los relatos bíblicos vemos cómo Dios ha ido narrando al ser humano, en su relación con Él; nuestros padres también han hecho una narración de nosotros y tantas personas que narran hasta aquello de lo que no tenemos memoria. Somos lo que hemos vivido y también el modo en el que nos hemos narrado. Y en la historia de nuestras vidas es necesario que hablemos de las historias de nuestra vida, de todas esas narraciones, esos relatos, que hacen de nuestra existencia humana, algo que merece la pena contar.

La Sagrada Escritura, a partir de la narración de experiencias fundamentales humanas, nos ayuda a narrar nuestras experiencias fundamentales. En los relatos bíblicos encontramos la palabra humana que describe lo más humano de nuestra humanidad y, al mismo tiempo, la palabra divina que dice nuestra verdad desde el horizonte de la trascendencia, es decir, que nos ve mejor de lo que nosotros nos vemos a nosotros mismos, con más perspectiva, desde la bendición. Así se convierte en una palabra viva y eficaz en la existencia, dulce como la miel y cortante como una espada. Las narraciones bíblicas no sólo forman parte de nuestra vida, no sólo leen nuestra existencia y nos ayudan a la vida buena. La historia de nuestra vida son, en realidad, las historias de nuestra vida.

Y las historias de nuestra vida tienen que ver con Eva, con Abraham, con Moisés, con David, con Oseas, con Qohélet, con Jonás, con Job, con María, con el ciego de nacimiento, con la samaritana, con la hemorroísa, con Pablo, con el buen samaritano, con el hijo pródigo... Son relatos sin punto final, siguen generando experiencias, continúan no sólo narrando la salvación sino siendo salvación para el que escucha y entra en ellos porque nos hacen conocer qué es la virtud o la falta de ésta pero, sobre todo,

nos hacen sentir lo que las personas protagonistas de esos relatos
sienten cuando viven de un modo u otro.

6. Una historia de mi vida y de la tuya: el sabio Qohélet

Elegimos una de estas narraciones porque su relato, más bien
discurso, está en el origen de un flujo muy evidente entre educación, virtud y experiencia generada a partir de la narración bíblica.
Es el relato del maestro Qohélet. La clave de este sabio es que
constituye un testimonio, más que un mensaje, aunque también lo
sea. Qohélet es un sabio experto, experimentado en una tradición
religiosa de la que se aleja, poniéndola en crisis, para poder purificar su fe, para poder desmercantilizar la religión y devolverla a
su origen, como una religión desinteresada (Morla Asensio, 2019).
Para ello no da argumentos y razones sino que pone al oyente,
al lector, al discípulo ante la realidad. La vida es complicada. A
veces tiene muchos sentidos y otras ninguno, al menos no se lo encontramos. Si tiene un sentido trascendente, al ser humano no le
resulta fácil conocerlo por su limitación. Sólo podrá disfrutar del
encanto de la existencia en los efímeros y fragmentarios sentidos
queridos por Dios. La realidad es lo que es. El reto es aceptarla
como tal. Desde esa experiencia de desnudez de la realidad y del
ser humano, Qohélet, educa para el conocimiento de las cosas. La
realidad humana es compleja pero esa complejidad se vive con el
sufrimiento de la contradicción cuando dejamos de ver las cosas
desde la perspectiva de Dios. Es lo mismo que le pasa a Job.

Retomaremos algunas de las claves que hemos ido desarrollando a lo largo de nuestra reflexión para "narrarlas" a través de los
relatos del libro del Eclesiastés. El sabio, protagonista de estas narraciones sapienciales, nos introduce en la dimensión experiencial,
testimoniando experiencias en las que es posible reconocerse, ya

sea para identificarnos como para sentir el contraste: la experiencia del vacío, del gozo de lo efímero, de la crisis de fe, de la muerte, del don...

Son relatos que nos comprometen y a partir de los que aprendemos vicariamente lo que podíamos haber aprendido por la experiencia. En el caso de Qohélet la experiencia que testimonia es una experiencia existencial, de búsqueda de sentido, de recuperación de sentido, podríamos decir. Si no hemos estado sumidos en el sinsentido... lo estaremos en algún momento. Por eso, el sabio adelanta lo que aún no hemos experimentado o nos hace entrar en la emoción del que comparte con nosotros esa experiencia. El sabio cuenta historias, podríamos decir que profundiza en la historia, ya que su discurso no es una narración al uso sino que nos hace entrar en la dinámica de la cuestión a partir de la historia, es decir, del interrogante encarnado y descarnado sobre el sentido de la existencia humana.

Los relatos del libro del Eclesiastés expresan un camino de búsqueda, de autoconocimiento y reconocimiento en la tradición heredada y en la puesta en crisis de la misma. Reconociéndonos en la experiencia del sabio, nos autoconocemos y esto contribuye a nuestro florecimiento. Nos reconocemos en la pregunta del sabio, en la duda porque compartimos las emociones que él siente. Esto nos ayuda a autoconocernos porque las narraciones abren nuestro repertorio emocional y desde éste podemos discernir el foco de nuestras emociones, lo que las hace emerger. Esto es muy importante para la educación. En ese sentido podemos decir que los relatos sapienciales son textos que, por la facilidad de conectar con la experiencia del que habla, parecen hechos para educar.

Afirmábamos que las virtudes nos facilitan la vida, porque nos predisponen al don, siendo al mismo tiempo un don. Esta referencia al don evoca el núcleo de Eclesiastés. La vida, desde la perspectiva del libro, desde lo más banal hasta lo más profundo, es

don. Es el camino, el método que, según el sabio, nos abre a la posibilidad de trascender. Podemos, por tanto, decir, por una parte,
que la vida, que es don, nos predispone a vivir en la virtud y que la
virtud nos ayuda a prepararnos para una existencia plena, para la
vida buena. Es el círculo hermenéutico virtud-don.

Eclesiastés es un claro ejemplo, aunque más que ejemplo, di-
ríamos testimonio, de que las narraciones bíblicas poseen un carácter epistemológico y, por tanto, la capacidad de aportar conocimiento tanto al creyente como al no creyente, un conocimiento
que es el de la profundidad de la fe que, como hemos defendido
hasta el momento, es la expresión de la capacidad de trascendencia
arraigada en el corazón humano. Los relatos sapienciales pueden
ser entendidos y dan que pensar a creyente y no creyente. Además
de la capacidad de trascendencia, otra de las razones que sosten-
dría esta afirmación es que el conocimiento que aportan estos relatos va más allá de los conceptos. Nos dicen lo que somos pero,
sobre todo, para qué estamos hechos. Las experiencias que relatan
las narraciones bíblicas permanecen muchas veces en la opacidad
y se resisten a la comprensión, no sólo conceptual sino también
emocional. Descubrimos diferentes niveles de profundidad en las
experiencias humanas y esto se refleja en las narraciones. Por eso
no siempre es fácil conectar con las narraciones. Se requiere cierta
sintonía y, por tanto, cierta profundidad. Las historias ponen en
cuestión la teoría pero no la educación. De hecho, aprender a leer
e interpretar las historias, las narraciones, es fundamental para la
educación.

El maestro Qohélet es uno de los nuestros. También nosotros
somos expertos, como Qohélet, experimentados en contradiccio-
nes, experimentados en la experiencia de que que Dios está pero
no logramos desentrañar su plan sobre nuestras vidas, experimentados de que, aun en el sin sentido, no renegamos de Dios ni de
la vida. Y somos también experimentados en el mismo deseo que

recorre el libro del Eclesiastés, el de una vida en la conciencia del don. Y eso, eso es virtud.

Bibliografía

Frankfurt, H.G. (2006). *La importancia de lo que nos preocupa. Ensayos filosóficos.* Katz.

Hibsman, G. (2022). Narrative, second-person experience, and self-perception: a reason it is good to conceive of one's life narratively. *The Philosophical Quarterly*, 72(3), pp. 617-627.

MacIntyre, A. (2013). *Tras la virtud.* Austral.

Morla Asensio, V. (2019). *Libros sapienciales y otros escritos.* Verbo Divino.

Nussbaum, M. (2018). *El conocimiento del amor. Ensayos sobre filosofía y literatura.* Antonio Machado Libros.

Ortiz, E. (2019). Sobre la posibilidad de narraciones edificantes. En José Manuel Chillón (Ed), *Hombre y logos: antropología y comunicación* (pp. 355-362). Fragua.

Pontificia Commissione Biblica. (2019). *Che cosa è l'uomo? (Sal 8,5). Un itinerario di antropologia biblica.* Città del Vaticano.

Sonnet, J-P. (2015). *Generare è narrare.* Vita e pensiero.

Stump, E. (1988). Sanctification, hardening of heart, and Frankfurt's concept of free will. *The journal of Philosophy*, LXXXV (8), pp. 395-420.

Stump, E. (2010). *Wandering in darkness: Narrative and the problem of suffering.* Oxford University Press.

Stump, E. (2021). Revelation and the veridicaly of narratives. *European Journal for Philosophy of Religion*, 13(4), pp. 27-43.

La transmisión de los valores del relato bíblico. La figura del héroe desde la visión formalista de Vladimir Propp

Fernando Serrano Pelegrí
Universidad CEU Cardenal Herrera

Introducción

En el proceso de transmisión de los valores cristianos siempre ha cobrado una gran relevancia el relato como medio didáctico de comunicación. El conocimiento de su estructura facilita la comprensión del mensaje contenido, sus claves religiosas, culturales e históricas. A lo largo de la historia se ha abordado su estudio desde diferentes perspectivas. Acometemos ahora la labor de analizar el relato bíblico a la luz de los postulados del formalismo ruso y, más concretamente, desde el análisis de los cuentos populares rusos que propone Vladimir Propp[1]. La identificación de los personajes y las acciones del relato son extrapolables al relato bíblico. En esta ocasión profundizamos en el concepto de héroe en el cristianismo a la luz y sus diferencias con el contemplado desde otras perspectivas sociales y literarias.

---

1. Vladimir Propp (1895-1970). Antropólogo y lingüista ruso. Autor de *Morfología del cuento* (1928) en la que identifica y expone los elementos narrativos comunes a todo cuento.

El conocimiento de estos elementos aporta nuevos elementos para la mejor comprensión la estructura del relato que contiene tanto la historia de salvación del pueblo de Israel como la misión salvífica del Mesías.

1. Antecedentes narrativos

El potencial didáctico del relato bíblico basa su comprensión en el conocimiento de los aspectos culturales de las Escrituras que aglutinan en un *continuum* hebraísmo y cristianismo. Este relato bíblico como elemento trasmisor de valores tiene continuidad, más allá de los textos específicos, en diversas manifestaciones literarias adaptadas a los condicionantes culturales de cada momento histórico.

Como antecedente analizamos el elemento primigenio con que cuenta el pueblo hebreo como medio de adaptación de la sabiduría rabínica a la transmisión transgeneracional: el Midrash. Basado en los contenidos históricos, culturales y axiológicos de la Torá, ampliados por la interpretación rabínica, el Midrash es el paradigma del relato didáctico por excelencia. Esta tipología de relato fue desarrollada durante la época talmúdica para interpretar y explicar a los niños los contenidos de los textos bíblicos.

El Midrash incorpora de manera ecléctica diversas técnicas narrativas para facilitar, explicar y ampliar los conocimientos de las sagradas Escrituras para adaptarlas a la realidad de cada momento. De esta manera no duda en hacer coexistir dentro del relato la alegoría, el simbolismo, la parábola e incluso la analogía basada principalmente en la naturaleza de los personajes que intervienen. Esta técnica narrativa con evidentes intenciones didácticas sería utilizada posteriormente por el cristianismo dado que los primeros autores cristianos eran judíos crecidos en ambiente rabínico y a su vez habían sido educados a la luz del Midrash.

Las parábolas de los textos bíblicos poseen estas mismas características al intentar enseñar los valores cristianos con una estructura narrativa ya existente con anterioridad. Eventos y personajes son descritos mediante el uso del simbolismo propiciando que figuras históricas primigenias como Adán, se convierta en un antecedente y referente de personajes históricamente posteriores. Tal es el caso de Adán que sería relacionado posteriormente con Cristo haciendo patente en la historia lo que de una manera latente se prefiguró en los primeros escritos cristianos tal como se afirma en Corintios 15,45: "Así está escrito: «El primer hombre, Adán, se convirtió en un ser viviente»; el último Adán, en el Espíritu que da vida".

Estas estructuras narrativas no son exclusivas del Antiguo Testamento en donde es más habitual su uso por su carácter eminentemente narrativo. Incluso en el Nuevo Testamento podemos apreciar estructuras narrativas cercanas al cuento y con una gran intención didáctica. Tal es el caso de las parábolas (De Andrés, 2001).

Son múltiples los escritos que refrendan esta relación entre el Midrash y los escritos bíblicos, incluso en autores actuales siguen apareciendo vestigios de este modelo narrativo. Entre las líneas del libro *El hombre en busca de sentido*, Víctor Frankl (2004) utiliza estructuras procedentes del Midrash para explicar, desde el sentido bíblico, la lucha del ser humano en medio de un universo caótico e irracional. La autora Julia Navarro utiliza el Midrash para explicar las relaciones entre judaísmo, cristianismo e islam en su novela *La Biblia de barro* en la que se entrecruzan personajes con relaciones complejas a causa de sus creencias religiosas. Y en casos más próximos a la literatura de ficción, Phillip Pulman crea mundos alternativos mediante la estructura de Midrash. Alejándose de los valores cristianos, pero utilizando la misma estructura narrativa en su obra *Luces del Norte* (primera parte de la trilogía

His Dark Materials), establece una red de relaciones simbólicas y significados complejos para relacionar en su relato ciencia, religión y magia (Pullman, 2009).

Es importante tener en cuenta que estos elementos del relato bíblico y su posible correlación con la narrativa rusa son solo ejemplos y que existen muchas otras formas de analizar y comparar diferentes tipos de literatura. De esta manera el cuento se convierte en un objeto de estudio más allá del ámbito meramente literario, focalizándose también en el conocimiento antropológico y cultural que de él emanan (Flores, 2014).

2. El relato como medio de difusión de los valores cristianos

Desde el período protocristiano y a lo largo de toda la historia de la Iglesia, el relato ha sido analizado, interpretado y complementado también con la sabiduría de los Padres de la Iglesia. Igualmente ha sido utilizado a lo largo de la historia como un medio para defender y promover los valores cristianos en un contexto de creciente secularización y ateísmo. A través de los relatos, los cristianos han buscado transmitir y afianzar sus creencias y valores fundamentales, como la fe, la esperanza y la caridad, en un mundo que en el mejor de los casos les es ajeno, pero puede llegar a plantear enfrentamientos y desafíos ideológicos.

En el ámbito estrictamente literario el relato cristiano ha tomado muchas formas, desde la epopeya hasta la novela, y ha abarcado una amplia variedad de temas y estilos. En algunos casos han sido utilizados para explorar cuestiones teológicas y doctrinales, como la naturaleza de Dios, el papel de la fe en la vida humana y la relación entre la gracia divina y la libertad humana. En otros casos, los relatos cristianos han sido utilizados para transmitir valores morales y sociales, como la compasión, la solidaridad, la justicia y la tolerancia. En este sentido, pueden ser vistos como una forma de contrarrestar el ateísmo y la secularización al enfatizar la importancia de los valores éticos y espirituales en la vida humana.

El relato como elemento didáctico se encuentra presente en toda la historia del pueblo de Israel y posteriormente en el cristianismo, apareciendo incluso vestigios del mismo en la cultura del Islam. Además, los relatos cristianos también pueden ser utilizados como una forma de apoyo emocional y espiritual para aquellos que lidian contra el ateísmo y la secularización en su vida cotidiana. A través de los relatos, los cristianos pueden encontrar consuelo y esperanza en momentos de dificultad y pueden sentirse conectados con una comunidad más amplia de creyentes que comparten sus mismas preocupaciones y e inquietudes.

Por tanto, el relato cristiano ha sido utilizado como un medio para defender y promover los valores cristianos en un mundo cada vez más secularizado y ateo. A través de los relatos, los cristianos pueden transmitir sus creencias y valores fundamentales, explorar cuestiones teológicas y morales, y encontrar consuelo y esperanza en momentos de dificultad.

Es evidente que la Biblia ejerce una gran influencia más allá del ámbito literario, pero no por ello debemos dejar de estudiar a fondo estos aspectos formales que facilitan su comprensión y desvelan en gran medida su intención (Frye, 1982).

3. Vladimir Propp y el Formalismo Ruso

En el siglo XX, el formalismo ruso aporta una especial relevancia al estudio del cuento popular dotando al relato folclórico la categoría para ser analizado tanto desde el punto de vista de la literatura, la historia y la crítica literaria, siendo esta última la nueva disciplina de estudio que le caracteriza como innovadora en este momento de la historia de la literatura.

Siguiendo la tradición literaria de Afnasiev (1981), cuyas recopilaciones de cuentos rusos, eslavos, celtas e irlandeses sentaron las bases para futuras transcripciones de cuentos de tradición oral, Propp retoma el testigo introduciendo la tipificación de acciones y personajes que facilitarían el conocimiento profundo del relato. Su obra *Morfología del cuento* (Propp, 1981) constituye un valioso legado para entender la estructura del relato considerándolo más allá de la mera expresión folklórica y elevándolo a obra literaria digna de los más complejos estudios.

Sus principales postulados contemplan que la forma literaria era tan importante como el contenido lo cual propició la preponderancia del estudio y el análisis de las técnicas literarias, como la estructura, la rima y la metáfora. El texto es tratado como un objeto independiente susceptible de ser estudiado por sí mismo, independientemente del contexto histórico, social y cultural.

Este movimiento supuso un rechazo del realismo como el único enfoque literario válido para el estudio por lo que se decanta por una literatura experimental y desafiante, adoptando aquellas técnicas que pudieran ser utilizadas para crear significado. En este entorno aparece el concepto de "literariedad" como herramienta para describir las características que permiten que un texto expositivo sea considerado como creación literaria recurriendo a los conceptos de ambigüedad, estrangulación, la paradoja y extrañeza. Para el formalismo ruso cobra especial importancia la figura del lector el cual forma parte esencial del proceso literario, lo que propicia que la interpretación de un texto pueda ser condicionada por la experiencia y el entorno social del lector.

Cabe destacar que la tradición cristiana ha supuesto un elemento indispensable en la cultura rusa, reflejándose en la estruc-

tura interna de muchas de sus obras, concretamente en la de los
cuentos populares rusos que estudió Propp. En muchos de ellos
encontramos elementos literarios comunes a estructuras como el
Midrash o el relato bíblico, asemejándose a la estructura de las
parábolas y con tipologías de personajes que se enfrentan a desafíos y asimilan lecciones importantes a lo largo del camino. Todos
estos elementos se pueden apreciar mediante un estudio profundo
y detallado del cuento popular analizado por Propp.

A pesar del entorno histórico de esta corriente literaria aparecido tras la Primera Guerra Mundial y a las puertas de la Rusia pre-
rrevolucionaria, los formalistas rusos no estuvieron directamente
involucrados en la eliminación de los elementos narrativos cristianos en la literatura rusa, aunque sí que hay que considerar que
su trabajo y enfoque en la forma literaria precedieron a cambios
políticos que replantearon las tradiciones culturales y religiosas en
Rusia.

Concretamente, los formalistas no contribuyeron directamente a la eliminación de los elementos narrativos cristianos de la literatura rusa. Más bien fijaron su objeto de estudio en el análisis
de la forma literaria y en cómo los elementos literarios pueden ser
utilizados para crear significado y efectos estéticos en la literatura, si bien es cierto que, junto con otros movimientos literarios y
culturales de la época, formaron parte de un ambiente cultural
que cuestionaba las tradiciones literarias y culturales establecidas,
incluyendo las religiosas.

Aunque no de una manera patente, existen elementos del relato bíblico fácilmente identificables con la narrativa de los formalistas. El uso de la extrañeza y el alejamiento del relator sobre
el relato aparecen de manera primigenia en el relato bíblico de la
creación (Gen. 1,1). La forma de utilizar la ambigüedad y analizar
temas como la libertad, el sufrimiento y la responsabilidad del
individuo ya se pueden apreciar en todos los relatos bíblicos en

los que se plantea una caída del hombre a causa de sus acciones
(Gen. 6,5). La majestuosidad del relato en la creación de efectos
dramáticos y la forma de analizar las consecuencias de la justicia y
la moralidad son fácilmente identificables en el relato del diluvio
universal (Gen. 7, 17-24). El tratamiento de los temas políticos y
religiosos son fácilmente identificables en toda la historia del pueblo hebreo que se describe en la Biblia concretamente en la historia
de los reyes de Israel y en las historias de los profetas, explotando
la temática de la justicia y el castigo. De igual manera es posible
identificar el relato de José y sus hermanos en Egipto (Gen. 30, 37,
39-50) desde la perspectiva de Propp como el paradigma de cuento en el que aparecen los roles de héroe, villano, donante y prueba
que trataremos más adelante.

Por tanto, es fácil identificar en un cuento popular y folklórico
elementos de la transmisión de valores del relato bíblico. Propp
hace patente en la estructura narrativa de los cuentos populares
rusos, ciertas similitudes con la estructura narrativa de las historias bíblicas. En ambas tipologías podemos hallar elementos fijos
que son fácilmente identificables, como los estereotipos de personajes, la presencia de fórmulas narrativas concretas o la existencia
de elementos narrativos prescindibles que solo aportan belleza literaria a la estructura del texto. En los postulados de Propp cobra
especial importancia la función que desempeñan los personajes
dentro de la trama del relato, idea procedente de las raíces bíblicas
del concepto de "Providencia". Se presentan a los personajes como
instrumentos de un cierto determinismo teológico al servicio de
los designios de un ser superior.

Los postulados de esta corriente literaria, focalizados en la
visión del relato de Propp, aportan una visión didáctica del relato analizando tanto la tipología de personajes como todos los
elementos estructurales que configuran la narración. La división
básica de introducción, nudo y desenlace es analizada con pro-

fundidad por Propp diversificando en un total de 31 "funciones" que dotan a la narración de una cohesión interna característica. La aplicación de las funciones del relato propuestas por Propp no desmerece toda la didáctica de los Padres de la Iglesia, sino que le aportan una visión alternativa atendiendo a la estructura formal del relato. Al mismo tiempo replantea el concepto de héroe a la luz de la lectura bíblica.

Aunque Propp define treinta y una acciones para ser reconocidas en el contexto de un relato corto, pueden ser identificadas también en el relato bíblico dada su estructura lineal y narrativa. Las funciones esta dividas en tres grandes áreas: funciones preparatorias o de planteamiento, funciones de nudo y funciones de desenlace. No las vamos a nombrar todas por la brevedad que nos impone el formato de este escrito. Sin embargo, sí quisiéramos comentar algunas de ellas.

Entre las primeras, las funciones de planteamiento destacamos el alejamiento (el personaje principal se aleja de su entorno seguro, en la mayoría de los casos para cumplir una misión o solucionar un problema), la prohibición (recae sobre el personaje una prohibición que puede ser de diversa índole y condiciona la misión del personaje principal), la transgresión (se transgrede la prohibición y normalmente en este momento se hace presente la presencia del antihéroe), etc.

En las funciones de nudo se encuentra la complicidad (la víctima se deja engañar y ayuda así a su enemigo a su pesar), la fechoría o carencia (el agresor daña a uno de los miembros de la familia o a alguien próximo al héroe y adopta diversas formas como el rapto, el robo, la destrucción, el daño físico, la desaparición, el acto mágico, etc.), la carencia (se presenta una carencia, consecuencia de la fechoría, que debe ser reparada buscando algún elemento, o puede ser una carencia ya existente), la mediación (momento de transición en que se divulga la noticia de la fechoría y aparece el héroe sea como héroe-víctima, que sufre la fechoría, o bien el héroe-buscador, que debe solucionar el problema), la aceptación (el héroe asume su rol y comienza su acción), etc.

Algunas funciones de desenlace son la victoria del héroe sobre el villano, la reparación del mal que es el momento del culmen del relato, la vuelta del héroe a su lugar de origen y su llegada de incógnito a su casa con una apariencia irreconocible para posteriormente ser reconocido (función fácilmente identificable con la "anagnórisis" del héroe en el teatro griego), etc.

Según los postulados de Propp, las funciones de los personajes que realizarán estas acciones se dividen en siete "esferas": el héroe / jugador; el bien amado o deseado; el donante (facilitador de elemento mágico al héroe); el mandatario; el ayudante o auxiliar; el villano/agresor; el falso héroe.

4. El Éxodo como paradigma de relato

Abordamos en este momento desde la perspectiva formalista el relato bíblico por excelencia: el Éxodo. Su complejidad de personajes, elementos "mágicos", sucesión de hechos y prospectiva generacional son analizados tanto desde la didáctica como desde la finalidad salvífica del relato bíblico.

Es probable que se presente cierta dificultad a la hora de correlacionar el éxodo bíblico con esta tipología de relato dado que Propp propuso sus postulados para el análisis del cuento popular y folklórico. Sin embargo, teniendo en cuenta que se trata de la descripción de la historia de un pueblo que sale de la esclavitud en Egipto liderado por Moisés, podemos identificar algunas acciones que desde el formalismo se plantean.

En primer lugar, contemplamos un punto de partida desde una situación inicial. En el contexto del éxodo bíblico, este elemento podría relacionarse con el momento en que los israelitas salen de Egipto, abandonando la esclavitud y la opresión para dirigirse hacia la Tierra Prometida. El héroe, en este caso el pueblo, abandona una situación de seguridad para adentrarse en una peripecia compleja e insegura.

Aparecen a continuación una serie de obstáculos y desafíos que condicionan el éxito de la empresa comenzada. Deben cruzar el Mar Rojo, lidiar con la falta de alimentos, solucionar conflictos internos y vencer a la tentación de buscar la solución en otros dioses. Todos estos elementos son definidos por Propp como dificultades u obstáculos que impiden alcanzar el destino.

El concepto de "resolución" es fácilmente identificable con el momento en el que finalmente se cruza el Mar Rojo dejando atrás a sus enemigos, verdadera imagen dramática casi identificable con la catarsis del lector dado que en un momento dado se resuelve la tensión narrativa susceptible de ser utilizada como un elemento didáctico.

La llegada a la Tierra Prometida podría ser identificada como el "retorno" en el que Propp identifica la llegada del héroe que ha partido. En este caso es el pueblo entero que alcanza su meta. Por tanto, es identificable esta acción como uno de los treinta y un elementos funcionales que identificó en los cuentos populares rusos. Este elemento suele seguir al "reconocimiento" y preceder a los de "descubrimiento" y "transfiguración".

Por su gran controversia y complejidad en el relato bíblico, trataremos en este momento con mayor atención la figura del héroe. Desde la cultura popular el héroe es el vencedor reconocido, portador de la verdad, triunfador de las peripecias a las que el destino le ha conducido, en este caso el designio de Dios. Propp define al héroe como el personaje que, tras conocer la desdicha acude en auxilio de la víctima para proporcionarle ayuda o rescatarla. Pero ¿quién es el héroe del relato bíblico del Éxodo?

En un primer nivel, la postura más sencilla es atribuir a la figura de Moisés esta condición salvo por la circunstancia de que en su trayectoria a lo largo del relato no finaliza su misión, no es un triunfador pleno, su labor está inacaba en el plano personal. No es un héroe al uso puesto que su éxito personal queda relegado ante la necesidad de ceder el protagonismo a todo el pueblo que él conduce. Por ello, su labor trasciende más allá de lo personal, está en función de la liberación plena del pueblo de Israel con la llegada y conquista de la Tierra Prometida.

Surge en este momento el pueblo de Israel como héroe protagonista, segundo nivel más elevado, consecuencia de la acción del primer héroe aparecido en el relato, Moisés. Éste no llega a la Tierra Prometida, solamente la vislumbra desde lejos, lo cual, a los ojos del mundo es un verdadero fracaso tan solo justificado a posteriori con el éxito del cumplimiento de la visión que Dios le encomienda.

Y en tercer lugar de este análisis, pero en primero en orden a la relevancia, se muestra el verdadero héroe del relato, el Dios creador que libera a su pueblo de la esclavitud le conduce a través del desierto durante cuarenta años y le entrega en sus manos una tierra en donde asentar su morada definitiva. Es el verdadero héroe que vence a los enemigos, provee de lo necesario y muestra el camino en momentos de incertidumbre.

Al mismo tiempo este planteamiento permite hacer una reflexión acerca de la figura del antihéroe, antagonista pleno del héroe con el que se muestra totalmente en contra para impedir el éxito de sus andanzas.

Tras la partida de Egipto y, una vez hundidos los carros del faraón en el mar, el pueblo de Israel no encuentra enemigo físico con el que luchar durante sus cuarenta años de exilio hasta la llegada a la Tierra Prometida que habrá de arrebatar a los pueblos allí existentes. Pero durante este tiempo es el mismo pueblo el que pone trabas a los designios de Dios asumiendo a un mismo tiempo las atribuciones de héroe y antihéroe, figura de la tensión interna entre el bien y el mal existente también dentro de cada individuo.

Desde esta perspectiva formalista se pone en evidencia que los referentes culturales al amparo de los valores judeocristianos propician una visión distinta de los conceptos de héroe y superhéroe. Sin esta visión particular es imposible comprender la finalidad última del relato bíblico, que más allá de entretener y formar, presenta una verdadera teofanía a través de la historia de salvación del pueblo elegido.

5. Conclusión

Al amparo de estos planteamientos cabe destacar cómo la figura de héroe cobra un especial sentido diferente al que se encuentra presente en otras realidades literarias e incluso sociales. El concepto de héroe va asociado al de virtud, variable este dependiendo de la perspectiva axióloga desde la que se observe. El término virtud, fácilmente asociable al de cualidad no implica su plena identificación.

La utilización del rol héroe no es tan común en contextos cristianos como en otras realidades culturales, pero podemos encontrar figuras a las que se les puede atribuir de una manera especial este concepto. Aunque Jesucristo es considerado como la figura esencial del cristianismo, raramente se le atribuye este concepto. A los ojos del mundo su tarea es un tremendo fracaso salvo que sea visto desde los ojos de la fe, siendo entonces considerado como el redentor que salva a su pueblo mediante su sacrificio, elemento esencial de la ética cristiana.

En la tradición cristiana aparecen otros héroes que son merecedores de este calificativo al ser seguidores de su maestro y héroe,

Jesucristo. Los santos y mártires son sometidos a la persecución y se hacen merecedores de la victoria por la forma en que se enfrentan a sus pruebas y sufrimiento gracias a su inquebrantable fe. En igual categoría podríamos incluir a los personajes bíblicos que protagonizan algunas de las historias de las Escrituras en las que se pone de manifiesto la tensión interna del relato. La historia de la Iglesia está llena de personajes que, siguiendo los valores cristianos, han realizado proezas dignas de un héroe, aunque no sean considerados como tales por una gran parte de la sociedad. Nos referimos a los héroes caritativos, fundadores de órdenes religiosas, líderes benéficos y filántropos que realizan sus acciones desinteresadas. Desde esta perspectiva, los héroes del cristianismo manifiestan en sus acciones las virtudes y enseñanzas de Jesucristo poniéndolas en prácticas de una manera desinteresada al servició de los demás.

Es posible que estas conexiones interpretativas puedan no encajar perfectamente en el contexto bíblico dado que nos encontramos ante un elemento narrativo especialmente complejo con connotaciones religiosas y simbólicas profundas que pueden ir más allá de los elementos de un cuento folclórico tradicional, pero, a pesar de la complejidad y extensión del relato bíblico, la teoría del cuento de Propp puede proporcionar una lente útil para analizar algunos elementos del relato que facilitan la comprensión de sus acciones y el conocimiento profundo de sus personajes.

Con el fin de dar continuidad a este estudio se propone analizar de igual manera el resto de tipología de personajes que plantea Propp así como realizar una lectura del relato bíblico desde las treinta y una funciones narrativas que este autor propone y que aplica al cuento tradicional.

Bibliografía

Afanasiev, A. N. (1981). *Cuentos populares rusos*. Barcelona: Ediciones Pomaire.

De Andrés, M. (2001). El evangelio según Vladimir Propp. *Cuadernos para la investigación de la literatura hispánica* Nº 26. Fundación Universitaria Española.

Frankl, Víctor. (2004) *El hombre en busca de destino*. Barcelona: Herder.

Frye, N. (1982). *El gran código. Una lectura mitológica y literaria de la Biblia*. Barcelona: Gedisa.

Flores, M. (2014). Estructuras narrativas folclóricas presentes en Génesis 2,4 – 3,24. *Revista TeoLiteraria* Vol. 4. Nº 8. Pontificia Universidad Católica de São Paulo.

Propp, V. (1981). *Morfología del cuento*. Madrid: Editorial Fundamentos.

Pullman. Philip (2009). *Luces del norte*. Barcelona: Ediciones B.

Ubieta, J. A (1998). *Biblia de Jerusalén*. Bilbao: Desclée de Brouwer.

La relación educativa a través de la Parábola de los Talentos

Carlos Ignacio Baeza-Avallone
Universidad CEU Cardenal Herrera

Introducción

Las reflexiones que aparecen en las siguientes páginas no son el camino que han conducido al título de este escrito. Más bien, ha sido al contrario. Asumir que la Parábola de los Talentos es una metáfora o, quizá mejor, una alegoría de la educación es lo que nos ha llevado a realizar el estudio que ahora presentamos. Cómo hemos llegado a este presupuesto es, a modo de introducción, la primera cuestión que abordaremos. A continuación, haremos un breve repaso sobre su significación a partir de las anotaciones que aparecen en el ejemplar de la Biblia consultado y del Catecismo. Seguidamente, estableceremos un marco referencial de carácter pedagógico desde el que se ha realizado el estudio del texto que nos ocupa, asumiendo una simbología determinada para los personajes de la parábola, para para llegar a continuación al estudio propiamente dicho. Ya para concluir, haremos una síntesis de lo presentado.

1. Una realidad iluminada

Afirmar que la "Parábola de los Talentos" es una metáfora o una alegoría de la educación, como acabamos de decir, no es el resultado del estudio de la parábola, sino su inicio. Nuestro análisis se origina en una realidad que ha venido a ser iluminada por el texto del evangelio. Intentaremos explicar esto brevemente.

En nuestra experiencia en la educación, en la que, por suerte, hemos podido trabajar desde los primeros cursos de la Educación Infantil hasta la docencia universitaria, hemos asistido a muchas situaciones en las que lo que se alcanzaba después de un proceso más o menos largo, no era más que lo que ya se tenía en el punto de partida de aquel proceso. Ejemplos hay muchos: yo te digo cómo será la figura que va después de la última que hay en la fila y tú la pones; yo te digo cómo se hace esta suma y tú la haces; yo te digo qué es un predicado y tú lo subrayas; yo te digo cómo se realizan los sistemas de ecuaciones y tú los resuelves; o te explico qué se entiende por internalización según Vigotsky y tú me lo escribes en un examen o marcas la alternativa que corresponda, etc. Todo ello, con facilidad, se olvida o se almacena en ese rincón de las cosas que la escuela enseña, pero que poca o ninguna relación tiene con quien lo ha aprendido. O, de otro modo, parece que en muchas ocasiones la escuela da para que le sea devuelto en un mero juego de toma y daca que, normalmente, no va más allá. Desgraciadamente, esta experiencia es compartida por muchos docentes y por muchos alumnos.

Howard Gardner (1993) célebre por su teoría de las inteligencias múltiples, llevó a cabo una investigación para esclarecer cómo aprenden los niños pequeños antes de entrar en el sistema educativo y cómo este fenómeno se produce una vez se ha accedido a él. Gardner pone en evidencia que los pequeños son capaces de complejos aprendizajes de un modo natural o intuitivo, siendo la lengua hablada uno de los más llamativos. Estos aprendizajes no se reducen únicamente a cuestiones de tipo cognitivo, pues también los pequeños llegan a elaborar complejas teorías –a las que llama teorías ingenuas– sobre el mundo moral propio y de los otros.

En su investigación, Gardner, llega a unas conclusiones que a nosotros nos parecen demoledoras, pero de las que poco se habla, al contrario de lo que ocurre con su teoría de las inteligencias múltiples. Pudo comprobar cómo en la mayoría de los casos, los estudiantes que acababan la educación obligatoria, incluso aquellos que habían obtenido buenos resultados académicos, cuando se les planteaban situaciones problemáticas para las que no se les había instruido en la escuela, seguían razonando de un modo intuitivo tal como lo habían hecho a los cinco años, antes de ser escolarizados. Es esto de lo que estábamos hablando: la escuela –por desgracia, en muchas ocasiones– no ha aportado o ha aportado muy poco a los niños que acuden a ella. Efectivamente aprenden muchas cosas y son capaces de hacer lo que antes no sabían, pero ellos han experimentado un crecimiento muy limitado. Como hemos dicho, demoledor.

Afortunadamente, también hemos presenciado situaciones contrarias a estas anteriores. En muy distintas situaciones, ya por edad, nivel o tipo de tarea, hemos asistido a un hecho mucho menos habitual de lo que sería deseable. De la mano de ciertas metodologías que priman el desarrollo por encima de los aprendizajes, pero sin olvidar ni renunciar a estos, hemos visto cómo, al finalizar una situación concreta de aprendizaje, un trimestre o todo un curso, lo que allí aparecía era mucho más de lo que se había pretendido o programado.

Es decir, allí habían aparecido ideas, conceptos o modos de hacer y proceder que no habíamos presentado nosotros, incluso que desconocíamos, sobre los que nunca habíamos reparado y que eran de tanto valor como lo esperado o programado. En estas situaciones, aparecía algo que no había, fruto de la tarea, del estudio o del objeto de aprendizaje presentados, pero esto era algo nuevo, antes no estaba.

También de esto se podrían poner muchos ejemplos. Los descubrimientos que hacen niños de primeros cursos de Primaria, sin explicaciones previas, sobre el comportamiento de ciertos números y operaciones (pares, impares, múltiplos, primos, estrategias de cálculo, etc.) o el grado de comprensión de textos –en cualquier nivel– cuando no se somete a los alumnos a un cuestionario de comprensión o a unos objetivos determinados de aprendizaje son realmente llamativos. Junto con estos descubrimientos de tipo cognitivo, aparecían siempre actitudes y comportamientos que nada tenían que ver con meros objetivos de aprendizaje: capacidad de esfuerzo, resiliencia, paciencia, ayuda, autoconocimiento...

Fue en una de estas situaciones, y en contraposición con las nombradas anteriormente, cuando caímos en la cuenta de que quizás la Parábola de los Talentos podría considerarse una metáfora o explicación de estas dos maneras de producirse la educación en la escuela: se puede tener lo que ya se tenía, que será dado a otros y a otros y a otros y así sucesivamente, haciendo coincidir siempre el final con el principio; o puede darse el caso de que aparezca lo que no había, con lo que el principio y el fin se distancian por el fruto producido, por el crecimiento que se ha experimentado. Y este fruto no es únicamente un fruto de mero aprendizaje. La Parábola de los Talentos nos iluminaba así, dos modos de proceder, dos maneras de entender el hecho educativo y así la asumimos, como alegoría cierta de la educación.

2. Aproximación a la parábola

Asumir que la Parábola de los Talentos es alegoría de la educación, nos obligaba a examinarla con más detenimiento. Es decir su análisis nos revelaría qué relaciones, circunstancias o condicionantes determinarían o conducirían a una u otra situación educativa. Antes de entrar en su estudio vimos conveniente hacer una aproximación al texto, tímida aproximación, que realizamos a través de las anotaciones y referencias que encontramos en Sagrada Escritura y en lo recogido en el Catecismo.

En la Biblia de Jerusalén (2007) la Parábola de los Talentos (Mt 25, 14-30) tiene un paralelo que se corresponde con la Parábola de las Minas (Lc 19, 11-27). En el título que encabeza la primera de ellas, en nota al pie, ya se advierte de que, a pesar de ciertas analogías, existen profundas diferencias entre ellas. Por el contrario, también en nota al pie en el título de la segunda, se dice que la gran mayoría de los exégetas coinciden en la existencia de un núcleo temático inicial, a partir de cual, cada evangelista habría hecho un desarrollo particular. Por otro lado, la parábola de Lucas parece ser una fusión de otras dos, una de las cuales podría hacer alusiones a ciertas cuestiones de tipo político; lo que también ahonda en las diferencias entre una y otra. Por ello, optamos por centrarnos en la Parábola de los Talentos. Esta decisión se vio reforzada cuando al consultar el Catecismo (Catecismo de la Iglesia Católica, 1992) pudimos comprobar que en su índice temático no aparecía la entrada *minas*.

Según la revisión hecha de comentarios y paralelos al texto y lo que sobre los talentos se dice en el Catecismo, podríamos decir, de manera rápida y muy resumida que en la parábola el señor simboliza a Jesucristo y los siervos a los cristianos que reciben ciertos dones, y la vida misma, con los que deben procurar el desarrollo del Reino. Una vez el señor entrega sus talentos, los siervos con actitud vigilante y atenta, por un tiempo, deben trabajar para el advenimiento del Reino. Siendo que las personas vivimos en comunidad, esa responsabilidad y dones deben ser puestos al servicio; haciéndolo así, además del bien que se hace a otros, el mismo don se ve incrementado. Por el contrario, quien no lo hiciera de este modo, en él se desvirtuarían o perderían los talentos recibidos. Tanto la responsabilidad encomendada como los talentos recibidos son específicos de cada persona; entre unas y otras habrá evidentes diferencias que en ocasiones puede ser grandes; de ahí, la necesaria conciencia de la vida en sociedad.

A nuestro entender, es evidente que la educación cabe perfectamente en este escenario global de significado, siendo una pequeña parte o matiz de todo él: la educación, ya desde el papel de educador como del educando, es un bien que se recibe de manera personal y que se pone al servicio de otros en comunidad para el bien de las personas y de la comunidad misma.

3. Marco pedagógico y simbólico referencial

Acometer un análisis como el que nos habíamos propuesto, obligaba a establecer un marco conceptual pedagógico y simbólico de referencia que guiara dando significación a todo aquello sobre lo que cabría reflexionar.

El aspecto pedagógico de este marco referencial se tomó del modelo pedagógico de Jean Houssaye conocido como el Triángulo Pedagógico (Houssaye, 2015). Houssaye habla de un esquema triangular compuesto por tres elementos necesarios –los vértices del triángulo– y presentes en cualquier situación educativa: el saber o conocimiento, el profesor y el alumno. No todos ellos son de la misma naturaleza. Se hace ver que dos tienen la categoría de sujetos (profesor y alumno) y el tercero tiene categoría de objeto (el saber o conocimiento). Entre los elementos-sujeto también se establece una diferencia sustancial pues siempre se tratará de que un saber poseído por el profesor llegue a ser poseído también por el alumno. Cada uno de estos elementos se relaciona con los otros mediante procesos específicos –los lados del triángulo–; además, según se prime uno u otro proceso en el conjunto, se definirán distintos estilos educativos. Cuando se prima la relación entre el saber y el profesor se llega a una educación de tipo tradicional magistral basado en procesos didácticos. Si donde se pone mayor énfasis es basada en la relación saber-alumno, se establece un tipo de educación mediada y enfocada al aprendizaje: el alumno entra en relación con el conocimiento por la mediación del profesor que pone recursos para se produzcan adecuados procesos de aprendizaje. Si es la relación entre el profesor y el alumno la predominante, entonces se dibuja una educación de tipo más personal donde los procesos que cobran importancia son los educativos o pedagógicos.

La decisión de la elección de este modelo como marco referencial para nuestro análisis está basada en varias cuestiones. La parsimonia que caracteriza el modelo es uno de los motivos por el que lo hemos elegido: con pocos elementos y pocos conceptos hace una representación teórica válida y muy versátil, en el que se pude ver reflejada cualquier situación educativa. Muy relacionado con esto, está el siguiente motivo: se trata de un modelo muy intuitivo para todo aquel que haya tenido experiencia como docente. Es más, un importante número de personas dedicadas a la educación con las que hemos podido conversar y reflexionar sobre cuestiones pedagógicas, educativas y didácticas, trabajan, sin conocer este modelo, desde posiciones teóricas muy próximas a él. Cabría destacar aquí el trabajo de Orón Semper (2020) que, como decimos, sin tener un conocimiento previo del modelo de Houssaye ha hecho un análisis a partir de esos tres mismos elementos, con los que diferencia las relaciones verdaderamente educativas,

basadas en el encuentro –él lo llama *encuentro interprocesual*– y
unas relaciones *pseudo* educativas más basadas en la consecución
de objetivos curriculares o desarrollo de competencias que en un
verdadero crecimiento personal. Nosotros mismos, –este es otro
motivo– lo hemos utilizado como un planteamiento personal para
nuestra docencia y lo consideramos un modelo válido tanto para
la planificación (elección de materiales, secuenciación de contenidos, técnicas didácticas, etc.) como para la revisión y evalua-
ción de la práctica educativa. Finalmente, se trata de un modelo
asumido por muchos autores en trabajos enfocados a la didáctica
disciplinar de materias universitarias de educación, lo que también
otorga solvencia al modelo.

En cuanto al aspecto simbólico hay que precisar que de suyo
la parábola presenta a Jesús como este Señor y a sus siervos como
a cada uno de los cristianos que deben poner los dones recibidos
en función del Reino: "Los cristianos son los siervos a quienes
Jesús, encarga de hacer fructificar sus dones para el desarrollo de
su Reino, y que deberán rendirle cuentas de su gestión"[1]. Nosotros, por la experiencia en la que tuvimos la intuición de que esta
parábola hablaba también de la educación, hemos entendido al
señor como el educador y a los siervos como los educandos. Sin
embargo, gran parte de todo cuanto digamos a continuación podría decirse igualmente en el caso de entender a los siervos como
los educadores que han recibido del Señor los dones con los que
desarrollar su vocación.

---

1. En nota al pie al título de la parábola.

4. La parábola

Antes de entrar en el análisis, nos tomaremos un pequeño espacio para reproducir el texto:

[14] «Es también como un hombre que, al ausentarse, llamó a sus siervos y les encomendó su hacienda: [15] a uno dio cinco talentos, a otro dos y a otro uno, a cada cual según su capacidad; y se ausentó. [16] Enseguida, el que había recibido cinco talentos se puso a negociar con ellos y ganó otros cinco. [17] Igualmente el que había recibido dos ganó otros dos. [18] En cambió, el que había recibido uno fue, cavó un hoyo en tierra y escondió el dinero de su señor. [19] Al cabo de mucho tiempo, volvió el señor de aquellos siervos y se puso a ajustar cuentas con ellos.

[20] Se llegó el que había recibido cinco talentos y presentó otros cinco, diciendo: 'Señor, cinco talentos me entregaste; aquí tienes otros cinco que he ganado.' [21] Su señor le dijo: '¡Bien, siervo bueno y fiel!; ya que has sido fiel en lo poco, voy a ponerte al frente de mucho. Entra en el gozo de tu señor*'. [22] Se llegó también el de los dos talentos, y dijo: 'Señor, dos talentos me entregaste; aquí tienes otros dos que he ganado'. [23] Su señor le dijo: '¡Bien, siervo bueno y fiel!; ya que has sido fiel en lo poco, voy a ponerte al frente de mucho. Entra en el gozo de tu señor.' [24] Se llegó también el que había recibido un talento, y dijo: 'Señor, sé que eres un hombre duro, que cosechas donde no sembraste y recoges donde no esparcirte. [25] Por eso, me dio miedo y fui a esconder bajo tierra tu talento. Mira, aquí tienes lo que es tuyo'. [26] Mas su señor le respondió: '¡Siervo malo y perezoso! Si sabías que cosecho donde no sembré y recojo donde no esparcí, [27] deberías haber entregado mi dinero a los banqueros. De ese modo, al volver yo, habría cobrado lo mío con los intereses. [28] Quitadle, por tanto, el talento y dádselo al que tiene los diez talentos. [29] Porque a todo el que tiene se le dará y le sobrará, pero al que no tiene se le quitará hasta lo que tiene. [30] Y a ese siervo inútil, echadle a las tinieblas de fuera. Allí será el llanto y el rechinar de dientes'».

5. El análisis de la parábola

5.1. *La parábola a la luz del modelo de Houssaye*

Comenzamos con los elementos que el modelo pedagógico de Houssaye propone como necesarios para el hecho educativo. Vemos que ya en el primer versículo se identifican los tres: el señor, los siervos y la hacienda que son una traducción directa de la tríada profesor-alumno-saber. También aquí vemos que hay dos naturalezas distintas en ellos. Se trata de dos sujetos –señor y siervo– y de un objeto –la hacienda–. Asimismo, entre los sujetos se pude establecer una diferencia, pues uno de ellos facilita al otro lo que *posee* para que también este llegue a *poseer*. Se deduce de esto una diferencia evidente entre los sujetos: su participación y cometido en la situación es distinta; podríamos decir que existe una relación asimétrica. Esta asimetría viene muy bien expresada por el hecho de la servidumbre de los siervos a su señor o, suavizando la expresión, la necesidad que tiene el siervo de su señor. La figura más importante es el señor, sin duda; lo que no le quita al siervo ni un ápice de su valor, pues este se convertirá en el eje de toda la acción: el desarrollo de la narración, de casi toda ella, se fundamenta en la actividad realizada por el siervo. El resultado de ella determina los acontecimientos ulteriores, que ya no se narran pero que quedan sugeridos en el texto.

Hemos visto los tres elementos constitutivos del hecho educativo. Es el momento de identificar las relaciones educativas y profundizar en ellas. La relación del señor con su hacienda –la relación del docente con el saber– tiene una importancia muy secundaria en el texto: el señor posee su hacienda: aquí acaba la relación. Es una relación de un sujeto con un objeto que no va, no puede ir, más allá. Se da otra relación de sujeto con objeto que es la del siervo con los talentos que le son entregados. Cabría pensar que se pone de manifiesto una relación educativa de mediación o de aprendizaje: el docente pone en relación al discente con el saber para que este llegue a poseer el conocimiento. Sin embargo, no parece que la relación que aquí acontece sea de este estilo. En el estilo de mediación, el docente da indicaciones precisas, procedimientos y facilita recursos para que la relación entre el discente y el saber objeto de aprendizaje ocurra de una determinada manera y no de otra. El mismo discente llega a convertirse en un recurso en esta tarea de *construcción del conocimiento* con lo que el mismo profesor devalúa su estatus al devenir en objeto y, por ello, la tarea educativa queda desnaturalizada en un proceso cognitivo de mayor o menor complejidad. La descripción y análisis del último tipo de relación nos facilitará argumentos para la valoración que se ha hecho de la relación de aprendizaje alumno-conocimiento.

Efectivamente, la última de las tres relaciones posibles según el modelo pedagógico de Houssaye, la relación profesor-alumno, es la que el mismo autor denomina relación pedagógica. También nosotros la consideramos como la única verdaderamente educativa, potencialmente educativa.

5.2. *El señor*

Lo primero a destacar es que esta relación se produce por iniciativa del señor. Ha sido este quien decide llamar a sus siervos, nadie le apela ni le insta a que así lo haga: ha sido una decisión personal, íntima. Efectivamente, quien quiere entregar-se a la tarea educativa, lo hace por una decisión que está en su interior. No es la consecuencia de un razonamiento o el cálculo de debes y haberes. Es algo que el educador tiene en sí –aunque él no ha puesto. Solo la respuesta a esto que está en el interior de la persona, y que sabemos que se trata de una llamada –*vocación*– puede ser el inicio de una determinada relación como es la relación educativa.

En este inicio de la relación o en esta iniciativa, lo que el señor lleva a cabo es una entrega. Es muy llamativo que, si bien los siervos reciben una cantidad determinada de talentos, lo que entrega el señor es "su hacienda", todo lo que tiene, cuanto posee; por eso, porque el educador *se* entrega, vemos que esta entrega es una entrega generosa y no podría entenderse así, si no estuviera motivada, precisamente, como respuesta a la vocación. Esto convierte la respuesta en una entrega generosa. Podríamos decir que el educador, para serlo, debe dar respuesta a esa llamada iniciando una entrega generosa que le supondrá, en muchas ocasiones, ausentarse de sí mismo para entregar-se a otros. Esta entrega también es generosa porque tendrá que actualizarse cada vez que se produzca el acto educativo.

Todo esto pone de manifiesto, asimismo, otra de las características de esta relación. Se trata de la confianza del señor hacia sus siervos. Como antes, tampoco aquí hay un cálculo de posibles consecuencias y beneficios en función de a quién entrega: llama a sus siervos, a todos, sin hacer distinción; aunque los conoce. Esta confianza también se evidencia en que la entrega se hace sin condiciones. No se dice qué tienen que hacer sus siervos o cómo deben hacer. Desde una cierta lógica didáctica, a nuestro entender más extendida de lo deseable, el señor tendría que haber dejado muy claro cómo proceder, qué pasos dar, qué recursos utilizar y de qué modo sería tenida en cuenta cada una de estas cuestiones a su vuelta… (esto habría sido tanto como entregar una guía didáctica). Por el contrario, confiando en todos sus siervos para el buen uso de los talentos, deja a elección de estos, qué y cómo hacer. La confianza del señor en sus siervos no solo lleva a materializar la entrega, sino que deja al albedrío de los siervos cuál será su actuación, su conducta. Al decir esto, ya estamos hablando de la siguiente condición que caracteriza la relación educativa. La confianza auténtica en la potencialidad de desarrollo y crecimiento de los educandos lleva al educador a establecer una relación de necesaria libertad. En una relación auténticamente educativa confianza y libertad no pueden hacerse presentes la una sin la otra. En la parábola, el señor, que ha confiado en sus siervos, los deja libres para que procedan según su entendimiento y voluntad.

Basta con una rápida mirada a los materiales didácticos de mayor uso para ver como en las actividades propuestas para el aprendizaje, muy frecuentemente, no hay cabida para la toma de decisiones de los alumnos en su resolución; prácticamente, todo está pautado. La creación de procedimientos, la toma de decisiones, el manejo de la incertidumbre, la asunción de los errores, la incapacidad para avanzar en una tarea, la necesidad de adoptar puntos de vista distintos a los propios o de la colaboración de otros, etc., todo esto queda fuera, habitualmente, del quehacer en los centros educativos en aras de la consecución de los objetivos educativos. Nos parece una enorme paradoja, en ocasiones, una dramática paradoja.

Finalmente, por lo que se refiere al señor, el conocimiento que tiene este de sus siervos es otra de las claves de la relación y que la caracteriza como una relación nuclearmente personal. El señor podría haber pagado para que alguien administrara su hacienda, pero llama *sus* siervos. Él los conoce, de algún modo, el desarrollo de sus vidas transcurre con cierta cercanía: sabe quiénes son, a qué se dedican, cómo ocupan el tiempo. De ahí, y esto es muy importante, el señor puede dar "a cada cual, según su capacidad"; podríamos decir según quién es. Y esto es lo que se convierte en el núcleo de la relación. No es una relación establecida a partir de cierto protocolo –piénsese, por ejemplo, en la educación online o, aún más, en las plataformas de formación– sino que el señor *se ajusta* con cada uno de sus siervos. Sobre educación individualizada y personalizada se ha hablado y escrito mucho, pero no siempre con acierto porque centrándose en procesos cognitivos o procedimentales para el aprendizaje, se ha dejado de lado lo que nosotros entendemos como el núcleo de aquella: el conocimiento cercano y personal. Nuestro muy querido San José de Calasanz hablaba de la necesidad de *abajarse –ajustarse– a los pequeños* refiriéndose, entre otras cosas, a esta necesaria condición de la relación educativa.

5.3. *Los siervos*

Hasta aquí se ha hablado de actitudes, disposiciones y acciones del señor que posibilitan que la relación pueda ser relación educativa. No obstante, para que esta tenga lugar, también en los siervos deben aparecer otras tantas que, además, se corresponderán con aquellas. Veámoslo.

Lo primero que se puede identificar es una actitud de apertura por parte del siervo que derivará, o no, en acogida. Efectivamente, vemos que los tres siervos reciben cierta cantidad de talentos, pero a la vista de lo que ocurre con ellos, podemos decir que no han acogido los tres del mismo modo lo que se les ha entregado. Los dos primeros siervos, casi podría decirse que con entusiasmo, se ponen *enseguida* a negociar con los talentos. "En cambio, el que había recibido uno" no llega a hacer suya la entrega. Para él, aquello es ajeno pues esconde lo que se le da. Todavía más claro queda cuando el señor se pone a ajustar cuentas con ellos. El siervo que ha recibido cinco talentos y el que ha recibido dos manifiestan a su señor "cinco talentos me entregaste", "dos talentos me entregaste". Estos dos siervos, abiertos a lo que se les presenta, lo acogen, hacen suya la entrega de su señor. Por el contrario, el siervo que recibe un talento no lo ha acogido, no lo ha hecho suyo y al ajustar cuentas dice claramente "aquí tienes lo que es tuyo". Es decir, análogamente, vemos como la iniciativa de entrega generosa del educador puede encontrar en los educandos actitudes de apertura que lleven a una verdadera acogida de lo que se les entrega como ocasión para el crecimiento personal o, por el contrario, el educando puede estar cerrado a lo que se le entrega y no llegar a entender su sentido ni el potencial beneficio para él. También aquí habrá que hablar de confianza. Parece evidente que lo que mueve a la acogida es la confianza en el educador y en la entrega que este hace. No siempre el hecho educativo revela la lógica que encierra como medio de desarrollo, de ahí la necesaria confianza. A este respecto es muy chocante, y da mucho que pensar, el frecuente desencuentro entre educadores y educandos o, en el caso de las etapas obligatorias, entre aquellos y las familias. En ocasiones, parece que se trata de distintos intereses los que llevan a unos y a otros a coincidir en un contexto educativo común; distintos, cuando no contrarios.

En esta correspondencia entre las disposiciones de educador y educando, vemos que frente a la libertad en la que el primero debe cimentar la relación para que sea educativa, el segundo debe responder con la responsabilidad. También en este caso es fácil de entender que una y otra son mutuamente necesarias y que sin una de ellas la relación educativa no será tal. Cuando la libertad es sustituida por la imposición o la amenaza el actuar del educando no será resultado de la responsabilidad. Cuántas veces la autoridad del profesor no es más que autoritarismo o la calificación del trabajo del alumno es coacción para que haga lo que se pretende. Por el contrario, la obligación del alumno debe ser consecuencia de una decisión interior que se toma por la confianza y libertad con la que es tratado en la relación educativa. Esta decisión resulta de la responsabilidad que libremente asume como respuesta a la confianza puesta en él por alguien que le conoce y que, en su generosidad, no espera otro beneficio de todo ello más que el de su crecimiento. La asunción de esta responsabilidad no siempre es fácil ni sencilla. Los condicionantes que pueden impedir hacerlo así, son muchos. En el tercer siervo, él mismo reconoce su miedo –"tuve miedo"– que le lleva a no acoger el don y por ello "fui a esconder bajo tierra tu talento". Su señor, además, lo llama "malo y perezoso". Si hacemos examen de conciencia, cualquiera de nosotros –educadores– hemos sido y somos en muchas ocasiones este siervo que merced a muchas de nuestras disposiciones interiores –miedo, pereza, competitividad, ansias de protagonismo o de reconocimiento, ambición o envidias… o tantas otras– no hemos asumido nuestros dones para el desarrollo de nuestra vocación y hemos preferido enterrarlos bajo tierra.

Podríamos decir que la última de estas correspondencias de actitudes y disposiciones es la del conocimiento, el siervo también conoce a su señor, "sé que eres un hombre duro". Se trata, por tanto, de un conocimiento recíproco que comienza con el primer contacto educativo y que se va actualizando en la medida que la relación avanza y se consolida. La expresión que utiliza este tercer siervo para describir a su señor resulta algo inquietante por lo que de él dice, "eres un hombre duro, que cosechas donde no sembraste y recoges donde no esparciste". Con ella parece dar entender que este señor se comporta injusta y arbitrariamente con sus siervos. Sin embargo, esto es una afirmación subjetiva del siervo, motivada, posiblemente, por su miedo o por cualquiera de las otras causas ya nombradas; o porque, quizá, este siervo-alumno no haya recibido una entrega verdadera o esta no haya sido generosa o no aparecieran la confianza y libertad necesarias. Además de esta primera afirmación de naturaleza moral, en la frase se habla de dos acciones y esto es lo único que podemos saber del señor: sabemos que cosecha donde no sembró y recoge donde no esparció. No parece lógico que habiendo tenido la iniciativa de un entrega generosa afianzada en una relación de confianza y libertad, ahora el señor vaya a comportarse de manera injusta o aprovechada. Más lógico parece, por el sentido general de la parábola, que este cosechar donde no se ha sembrado y recoger donde no se ha esparcido esté relacionado con que el señor espera mucho de sus siervos; sabe lo mucho que pueden hacer. El señor tiene altas expectativas, confía en que sus siervos ganen mucho, que ganen más que lo que él mismo entrega; por eso puede cosechar y recoger más de lo que sembró y esparció. El valor de la expectativa en una relación educativa ha sido ampliamente estudiada por la psicología y se ha dado a conocer como el Efecto Pigmalión o la Profecía autocumplida. Dando a esta realidad la merecida importancia que tiene, pensamos, sin embargo, que la educación cristiana no puede ceñirse a una mera expectativa de aprendizaje por más alta que esta sea. La educación cristiana no puede dejar de ver a cada uno de los sujetos de la educación como hijos de Dios creados, caídos, restaurados y llamados a ser *alter Christus* aquí en este mundo. Y es, precisamente, esta visión que el docente cristiano debe tener de sus alumnos la que le lleva tanto a entregar-se de manera generosa como a esperar mucho más de lo que él es capaz de aportar, pues sabe que ellos –los alumnos– también han recibido unos talentos y una llamada y que su papel como educador será el de cooperar en el desarrollo de esos talentos y en la búsqueda de una respuesta oportuna a la *vocación*.

Tenemos, pues, una serie de correspondencias entre las disposiciones y actitudes del docente y las del discente: los dos primeros siervos han encontrado un señor al que han sabido corresponder de manera conveniente y el tercer siervo que no ha podido corresponder quedando paralizado en la situación en la que se encuentra. Debemos ahora hablar de los talentos ganados.

5.4. *Los talentos ganados*

El fruto producido en los dos primeros casos es claro: los siervos han negociado con lo que se les entrega y obtienen otro tanto que ofrecen al señor. Parece que entregan al señor lo que recibieron junto con lo ganado: "aquí tienes otros cinco –otros dos– que he ganado". Sin embargo, después de ajustar con el tercer siervo, el señor dice que su talento sea dado al que tiene diez. Esto nos hace pensar que el siervo primero, así como el segundo, siguen siendo poseedores de lo que se les entregó, pero ahora poseen algo que no les fue entregado, fruto de su quehacer y que también esto que no había pasa a ser posesión del señor. Es decir, el objeto primero pasa a ser posesión de ambos, educador y educando, pero también el nuevo objeto fruto de la actividad del este último será posesión del primero. Efectivamente, en la relación educativa el desarrollo y crecimiento se producen, aunque de distinto modo, tanto en el educador como en el educando. En el caso del tercer siervo no ha aparecido nada que no hubiera, se ha producido el traspaso de un objeto de una persona, o mejor, de una mano a otra y de esta segunda mano a la primera otra vez. La situación no se ha modificado, no hay nada que no estuviera antes; en este intercambio, nadie ha crecido, nadie se ha movido del lugar que ya ocupaba: el talento entregado se pierde por la inactividad, por no haber sido puesto al servicio.

Para acabar con esta idea, queremos dejar anotada la siguiente reflexión. A lo largo de estas líneas hemos dado por supuesto que el señor siempre actúa rectamente, pero tratándose de una alegoría y siendo que el señor puede representar cualquier docente, también puede darse el caso –y de esto todos tenemos experiencia– que la situación del tercer siervo pueda venir motivada por un *señor malo y perezoso* que no ha sabido entregarse con la debida generosidad. Esto podría entenderse también así, si adoptáramos la simbología por la que se entiende a los docentes como a los siervos.

6. Conclusión

Conscientes de que este análisis podría abordar otros puntos de vista y que se podría profundizar en lo presentado, vamos a pasar a una última síntesis conclusiva.

Se ha realizado un estudio de la Parábola de los Talentos tomando como presupuesto que en ella hay una alegoría de la educación. Con el estudio se quería averiguar cómo debe ser una relación que pretenda ser educativa. Se ha llevado a cabo tomando el modelo pedagógico de Houssaye como herramienta de análisis y desde el simbolismo por el que el señor y los siervos de la parábola son, respetivamente, el educador y los educandos.

Con relación a los elementos de la educación, podemos afirmar que cualquier situación educativa está compuesta por la tríada saber-profesor-alumno y que entre ellos existen diferencias que hacen de la educación una relación intrínsecamente asimétrica. El objeto de la educación –bien de tipo teórico-conceptual o de tipo práctico-procedimental o de tipo personal-axiológico– es de una naturaleza distinta a la de los sujetos de la educación –personas– que son quienes le dan continente y sin quienes no podría ser: no existe una teoría ni una acción ni un valor moral sin una persona en quien estén contenidos. De este modo, podemos afirmar que los sujetos son los polos sobre los que debe establecerse la relación educativa y que el objeto estará en función de esta relación. Un segundo factor de asimetría es el de la distinta consideración de los sujetos de la educación[2]. Evidentemente, distinta no en cuanto

---

2. Debemos advertir que el término asimetría puede ser entendido, erróneamente, como desventaja, discriminación o exclusión debido a cierta confusión sobre qué debe considerarse por igualdad. Desde un punto de vista ontológico, todas las personas somos iguales: contenedoras de una misma dignidad y merecedoras de un mismo trato y consideración. Sin embargo, fenomenológicamente, las personas somos radicalmente distintas unas de otras; es un principio de humanidad e individualidad sin la que no tendría sentido la educación: no existen dos personas iguales, todos somos irrepetibles o, dicho en el sentido contrario, ninguna persona es repetible. Nadie puede negar esto último, sin embargo, la confusión existe y, creemos, que es origen de una desvalorización del término que ha llevado a considerarla casi en términos aritméticos. Podríamos hablar de que, actualmente, la igualdad se entiende como un *cuasi equi-*

a su misma naturaleza y dignidad, sino en cuanto al cometido que tienen dentro de esta relación. El profesor es la persona más importante, quien posee el objeto y quien debe conseguir que otros lo posean. Esto pone al alumno en el centro de la acción educativa, pues es a quien se le hace la entrega y lo que se entrega está en función del alumno, para que en este pueda hacerse efectiva la finalidad del hecho educativo. Todo ello, no niega el hecho de que un profesor también pueda aprender o crecer y desarrollarse como consecuencia de la relación educativa –cosa que es cierta–, ni contradice que esta relación entre des-iguales pueda ser una relación personal.

De las posibles relaciones que pueden establecerse entre los tres elementos, la única que puede considerase verdadera y potencialmente educativa es la que se establece entre los sujetos. Y decimos potencialmente porque podría establecerse relación entre los sujetos y no haber un verdadero encuentro o relación educativa. Para que esta tenga lugar se requieren algunas disposiciones, actitudes y acciones por parte del educador que deben ser correspondidas con otras tantas en el educando.

El encuentro o relación educativa debe ser el resultado de una iniciativa por parte del educador hacia el educando. Esta iniciativa necesita encontrar una actitud de apertura en el educando por la que se pueda establecer la relación. La iniciativa del educador se materializa en una entrega generosa –pues es él mismo quien se entrega– que debe ser acogida por el educando. Estos dos primeros pasos en la relación educativa, la iniciativa que encuentra apertura y la entrega generosa que es acogida, deben fundamentarse en una plena confianza del educador hacia el educando y viceversa. El educador confía en que el educando tiene la suficiente capacidad y

librio aritmético que, en no pocos casos, llega a anular o a ignorar la genuina e irrepetible realidad de cada persona concreta.

voluntad para colaborar en la tarea educativa desarrollando el papel que le corresponde. A su vez, el educando confía en la persona que ha mostrado, gratuitamente, esta disposición hacia él. La confianza del educador conduce a la libertad que otorga al educando para que proceda según su entendimiento y su voluntad. Asumir esta libertad lleva al educando a actuar con responsabilidad; esta es la manera de buscar un camino para el desarrollo del activo papel que le corresponde. Además de todo ello, el encuentro educativo debe ser cimentado en el mutuo conocimiento, pues es un encuentro personal. Este conocimiento tiene carácter dinámico por actualizarse en cada acto educativo y porque a lo largo de todo el proceso, y debido precisamente a que se trata de un proceso de desarrollo y de perfectibilidad personales, hay un crecimiento de los sujetos que los hace más cercanos al ideal de persona hacia el que se dirigen.

Para finalizar, añadiremos un matiz a la necesidad de conocimiento que no hemos comentado anteriormente, que atañe igualmente a educador y a educando y está en relación directa con los talentos ganados o el fruto producido. Un encuentro personal abierto y generoso basado en la confianza, la libertad y la responsabilidad conduce, casi inevitablemente, al propio conocimiento. Si el motor de la acción educativa es la libre responsabilidad se necesita necesariamente ver-se en aquello que se hace y esta mirada interior revelará un conocimiento que en la gran mayoría de ocasiones será parte de los talentos ganados en el encuentro educativo.

Bibliografía

Biblia de Jerusalén (2007). Desclée De Brouwer.
Catecismo de la Iglesia Católica (1992). Asociación de Editores del Catecismo.

Gardner, H. (1993). *La mente no escolarizada. Cómo piensan los niños y cómo deberían enseñar las escuelas.* Barcelona. Ediciones Paidós.

Houssaye, J. (2015a). *Le triangle pédagogique: les différentes facettes de la pédagogie* (2e. ed.). Issy-les-Moulaineaux Cedex (France): ESF éditeur. Retrieved from https://catalogo.ceu.es/uchceu/Record/uchceu704337

Orón Semper, J. V. (2020a). *Encuentro interprocesual: por un mundo para el crecimiento interpersonal.* UpToYou; ICCE.

Osoro Sierra, C. (2014). La educación y la crisis antropológica. *Retrieved* Junio, 26 2014, from http://www.archivalencia.org/contenido.php?a=3&pad=81&modulo=91&id=1909&v=41&id_autor=6

Rosenthal, R., & Jacobson, L. (1968). *Pigmalión en la escuela. Expectativas del maestro y desarrollo intelectual del alumno.* Marova.

Segunda parte
Educación y relato literario

El valor del relato para el papa Francisco. Una aproximación a su pensamiento teológico y social a partir de *Los Novios* de Alessandro Manzoni

Alfonso Martínez-Carbonell López

Universidad CEU Cardenal Herrera

1. Francisco y la importancia formativa del relato

Francisco es un educador. Su interés por la educación deriva de su experiencia vital y constituye una "pasión personal" (Martínez-Carbonell, 2018, p.35). Desde niño amó la escuela (Francisco, 2014). Como joven seminarista fue profesor de literatura y de psicología en el colegio jesuita de Santa Fe. Ya sacerdote y formador de novicios, promovió la creación de escuelas en las barriadas pobres cercanas al noviciado. Su interés por la educación se mantuvo como Arzobispo de Buenos Aires encontrándose anualmente con el mundo educativo, cuyos mensajes constituyen un verdadero compendio del pensamiento pedagógico de Jorge Bergoglio (Martínez-Carbonell, 2015). Como Sumo pontífice, ha tratado las derivadas educativas de las grandes cuestiones sociales en las encíclicas *Laudato Si'* y *Fratelli Tutti* y ha tenido múltiples encuentros con el mundo de la educación.

Sus antiguos alumnos en Santa Fe recuerdan su interés por enseñar no sólo las grandes obras de la literatura española sino también los relatos de la literatura emergente y les lanzaba a escribir sus propias narraciones. Pidió nada menos que a Jorge Luis

Borges que los revisara para su ulterior publicación (Milia, 2014). Francisco, educó a través del relato e introdujo a sus alumnos en la escritura creativa.

Ya como Sumo Pontífice, su mensaje en la Jornada Mundial de las comunicaciones sociales de 2020 lo dedicó precisamente al tema de la narración y a su poder transformador para construir a la persona, enraizarla y avanzar juntos con fuerza. Para él, la narración es una necesidad del ser humano que le permite reconocer la belleza de su existencia. El hombre, afirma, es un ser narrador pues es un ser que camina, es dinámico, siempre abierto, un ser en realización que se descubre a sí mismo en las tramas de cada día. "Tenemos hambre de historias" (Francisco, 2020a, párr. 2) que nos ayuden a discernir, que nos enseñen a comportarnos y a descubrir quiénes somos. El hombre necesita tejer historias de héroes y heroínas que le motiven para afrontar los retos de la vida. Las buenas historias son inmortales y trascendentes pues cuentan la verdad, el bien y la belleza. Dios teje al ser humano desde el seno materno y regala la vida al hombre para que la siga tejiendo él mismo como obra admirable del Creador. Dios se hace historia, se hace carne y se identifica con cada historia humana (Francisco, 2020a).

Pero estas historias, además de afianzar a la persona reafirman los vínculos sociales y construyen a las comunidades. Francisco afirma que cada país, cada cultura, tiene una narración que la identifica y configura (Francisco, 2015a). Así pues, la globalización no puede uniformar, arrasar identidades, sino que es poliédrica (Francisco, 2019b), donde se respeta cada cultura, cada historia y cada narración nacional.

2. *Los Novios* de Manzoni: el relato de Francisco

Pero ¿Cuál es la "narración" de Francisco? ¿Cuál la historia que más le ha construido? ¿Qué relato le ha influido especialmente en su concepción de la vida, la Iglesia y el mundo? En la entrevista con Antonio Spadaro al inicio de su pontificado, ante la pregunta sobre sus coordenadas artísticas y literarias, Francisco señala: "He leído *Los Novios* tres veces y ahora lo tengo sobre la mesa para volverlo a leer. Manzoni me ha dado mucho. Mi abuela me hacía, de niño, aprender de memoria el comienzo de *Los Novios...*" (Spadaro, 2013, p. 471).

Austin Ivereigh, también resalta la influencia de *Los Novios* en Francisco. Su padre leía fragmentos del libro a sus hijos durante las noches (Ivereigh, 2015). Es evidente que esta obra forma parte del imaginario más íntimo de Francisco, le vincula con su niñez y con personas tan queridas como su padre y su abuela.

Pero, si leemos algunos mensajes de Francisco como Papa, observamos que esta novela, le ha sugerido imágenes, ideas y modelos para explicar mejor la realidad de nuestro mundo. En torno a esta obra universal se despliegan una serie de personajes que representan actitudes de hoy ante los grandes problemas de la humanidad. Si investigamos en el mensaje de Francisco, vemos referencias a la novela de Manzoni y enseñanzas a partir de sus personajes que aplica a la realidad actual. Misericordia, la Iglesia como hospital de campaña, el pastor con olor a oveja, la globalización de la indiferencia, la mundanidad espiritual, el amor a los pobres, son mensajes que el papa Francisco ha expresado con convicción en estos diez años de pontificado y que tienen un vínculo afectivo en su memoria con personajes de esta gran novela. El Innominado representa la "globalización de la indiferencia"; el cardenal Borromeo le inspira al pastor con piel de oveja; Don Abundio, el contraejemplo, el sacerdote pusilánime, lleno de mundanidad espiritual que se desentiende de las ovejas para servir a los poderosos; el lazareto, donde conviven la enfermedad y la miseria de la humanidad doliente, es el prototipo de la Iglesia que Francisco sueña, un hospital de campaña.

3. *Los Novios* en la enseñanza de Francisco

A continuación, detallamos las referencias contenidas en sus enseñanzas en las que a partir de personajes y textos de *Los Novios* interpreta la realidad eclesial y social.

3.1. *Lucía y Renzo: los pobres*

Como afirma Spadaro, Lucía, mujer joven, pobre, prometida de Lorenzo, víctima de la mezquindad humana, de la prepotencia, del abuso de poder, del orgullo de D. Rodrigo, representa la "clase media de la santidad" (Spadaro, 2023, párr.30) esa serie innumerable de cristianos que viven la santidad desde la pequeñez y la sencillez. Lucía y Renzo representan a los pobres que sufren, víctimas inocentes del egoísmo de unos y de la cobardía y traición de otros, pero que, al final, gracias a la misericordia y a la providencia logran salir adelante. Son los "novios", los protagonistas, los que sufren directamente la maldad de D. Rodrigo que, encaprichado por Lucía, pretende evitar su matrimonio con Renzo y, por tanto, bloquea el camino al futuro feliz de la pareja que se ve obligada a emigrar fuera de su hogar, de su aldea, de su bellísima tierra a las orillas del Lago de Como. Lucía y Renzo representan al emigrante que huye de la opresión y que en su periplo sufre, además, la traición, la burla y el desinterés de muchos. Representan la humanidad sufriente a la que el Papa dirige su afecto. Lucía y Renzo son los "pobres", los sencillos, aquellos que son víctimas.

El papa, en la Jornada Mundial de las Comunicaciones Sociales de 2023 (Francisco, 2023), menciona una escena entre Lucía y el Innominado cuando ella llega prisionera al castillo de éste. El innominado es un malvado a sueldo de D. Rodrigo que siente, desde que Lucía entró en su espacio, que la compasión hacia ella le puede hacer perder el respeto por sí mismo hasta "dejar de ser hombre" (Manzoni, 1924, Cap. XXI, p.281). Por un lado, la quiere fuera de su vista, pero, por otra, algo en su interior la busca y la quiere conocer. Acude al lugar donde está y Lucía le pide misericordia: "¡Dios perdona tantas cosas por una obra de misericordia!" (Manzoni, 1924, Cap. XXI, p. 276). Aquel encuentro con Lucía, le abre el corazón, le descubre quién es y supone para él el inicio de una nueva vida. Algo ha cambiado.

En su mensaje el papa ponderaba cómo el hablar amablemente puede abrir los corazones más duros e introduce el ejemplo de Lucía que, hablando desde el corazón al Innominado, es capaz de desarmarle y rendirle ante "la fuerza gentil del amor" (Francisco, 2023, párr. 5). Francisco continúa ponderando la importancia de la amabilidad en la convivencia cívica no sólo en lo superficial, presentándose con buenas maneras, sino, sobre todo como un antídoto frente a la crueldad. Y sostiene que esta amabilidad tiene que estar presente también en los medios de modo que la comunicación no fomente el rencor, sino que ayude a los demás a pensar con calma y suscitar en ellos bondadosos movimientos del corazón (Francisco, 2023).

3.2. Don Abundio: el sacerdote de la mundanidad espiritual

El personaje de *Los Novios* más presente en los mensajes de Francisco es Don Abundio, el contraejemplo, el sacerdote de la mundanidad espiritual. Ese sacerdote miedoso y pusilánime que quiere una vida tranquila, viviendo con su ama, sin problemas. Un sacerdote que antes que defender los derechos de los pobres consiente los malos deseos del poderoso. Se niega a casar a los novios, por miedo a las represalias de los grandes. Cuando llega a la casa del Innominado y recoge a Lucía, se pregunta siempre quién le ha puesto en esta tesitura (Manzoni, 1924). Amante de la vida tranquila y sin problemas. La novela está llena de sacerdotes y religiosos que desean darse a los demás: Fray Cristóforo, Fray Felice, Cardenal Borromeo. Pero D. Abundio es el sacerdote de los poderosos que no quiere levantar ampollas. Antes que examinar su conciencia delante de Dios se pregunta si ha molestado a algún acaudalado magnate (Manzoni, 1924). Está dispuesto a no casar a los novios ante la amenaza de Don Rodrigo. Como dice Manzoni, Don Abundio no tiene corazón de león, pero tampoco estaba dispuesto a ser devorado (Manzoni, 1924, C. 1, p.8). Sólo pensaba en sí mismo. "Se hallaba en aquella sociedad como un jarrón de barro precisado a caminar en compañía de otros muchos de hierro" (Manzoni, 1924, C. 1, p.10). Se hizo sacerdote por obedecer a sus padres. No había meditado qué significaba el ministerio. Era sacerdote para vivir con acomodo y entrar en una clase más elevada. Constantemente absorbido por su propia tranquilidad. Evitaba todos los conflictos. Siempre se ponía en el lado del más fuerte. La neutralidad era su divisa. No era misericordioso y pensaba que si alguien había recibido algún mal sería por algo y no le parecía bien que el resto de las sacerdotes tomaran partido por los débiles (Manzoni, 1924).

El papa menciona a Don Abundio en varios discursos en el contexto de la reciente pandemia que atacó duramente a Italia y especialmente a Lombardía, la región donde transcurre la acción de *Los Novios,* la patria de su autor, Alessandro Manzoni y el lugar donde en 1629 se declaró la peste, contexto en el que se sucede la narración de la novela. Muchas coincidencias.

15 de marzo de 2020, el papa reza el ángelus, como cada domingo, desde la biblioteca del palacio apostólico. Estamos al inicio de la pandemia. Al terminar, se asoma al balcón y bendice al mundo ante una plaza de San Pedro vacía. En su mensaje, Francisco recuerda a los sacerdotes lombardos que en esos tiempos duros de la pandemia están cerca de su pueblo y han entendido que en estos momentos de sufrimiento "no se puede ser como Don Abundio, el sacerdote miedoso y pusilánime" (Francisco, 2020b, párr.1).

11 de abril de 2020, menos de un mes después, el papa celebra la vigilia pascual durante el periodo de confinamiento. En el altar, bajo la cátedra de San Pedro, ante tan sólo media docena de personas, habla, en esos momentos de prueba, del ánimo. ¡Ánimo! Es la palabra que Jesús da en estos momentos al mundo. Pero "el valor no puede uno infundírselo a uno mismo" (Manzoni, 1924, C. XXV, p.342) parafrasea las palabras de Don Abundio (Francisco, 2020c, párr. 6) para excusarse de su debilidad ante el Cardenal Borromeo. La acción transcurre en la casa de Don Abundio tras la liberación de Lucía. El cardenal lo manda llamar y le pregunta: "señor cura: ¿por qué no casó usted a esa pobre Lucía con el que tenía su palabra comprometida con ella?" (Manzoni, 1924, C. XXV, p.340). Don Abundio, se siente sorprendido y se excusa contando la amenaza recibida a costa de su vida, pero el cardenal le habla de sus deberes como sacerdote. El valor, no se lo puede otorgar a uno mismo, pero sí recibirlo como don de Dios. Don Abundio se dejó llevar por el desánimo y no confió en Dios. El propio cardenal le dice:

"¿Cómo no os ocurrió que, en este ministerio, de cualquier modo que lo abrazaseis, si el valor es necesario para cumplir con sus obligaciones, el Señor os lo daría infaliblemente, como se lo pidieseis con fervor y confianza?" (Manzoni, 1924, C. XXIV, p. 342).

Esta misma frase: "El valor no se lo puede dar uno a sí mismo", es usada por el papa en el mensaje en el encuentro para la amistad entre los pueblos celebrado en Rímini en agosto de 2021. En él recuerda que la pandemia es una oportunidad para un nuevo comienzo, pero para ello se necesita valentía, decir un "Yo" comprometido, un "estoy aquí". Y el valor, no se lo puede dar uno mismo, como dice D. Abundio. Y concluye, el miedo se supera con el encuentro con Cristo y los hermanos (Francisco, 2021).

3.3. El cardenal Borromeo: pastor con olor a oveja y pastor de la misericordia

El Cardenal Federico Borromeo es el personaje histórico por excelencia de la novela. Fue arzobispo de Milán entre 1595 y 1631 y era primo de San Carlos Borromeo. Un hombre que la novela describe como un santo querido por su pueblo, capaz de levantar el ánimo del redil, de alta cuna, que con esfuerzo fue capaz de lo mejor y de suscitar sentimientos de misericordia en el pueblo. "Su vida puede compararse a un arroyuelo que, saliendo cristalino de la peña, sin estancarse ni enturbiarse nunca, en su largo curso por diversos terrenos, va a desembocar límpido y transparente en el río" (Manzoni, 1924, C. XXII, p. 287).

La influencia de Manzoni en Francisco, a través de este personaje de la novela, se deja ver implícitamente en sus enseñanzas sobre el servicio como característica esencial del evangelio y de la acción eclesial y pastoral. En la homilía de inicio de su pontificado, expresaba que "nunca olvidemos que el verdadero poder es el servicio" (Francisco, 2013a, párr. 10) que parecen tomadas de estas inmortales palabras de Manzoni refiriéndose al cardenal Borromeo: "persuadido en su corazón de lo que nadie que profese el cristianismo puede negar: a saber, que no hay en justicia superioridad de un hombre sobre los demás, sino en cuanto redunda en mayor bien del prójimo" (Manzoni, 1924, C. XXII, pp. 288-289).

Igualmente, en la exhortación *Evangelii Gaudium*, clarifica que la autoridad pastoral es siempre un "servicio al pueblo" (Francisco, 2013c, n. 104). En la *Guadete et Exultate*, que el servicio a los hermanos es el signo esencial de la santidad (Francisco, 2018, n. 14). Y en la encíclica *Laudato Si'*, hablando que la conversión ecológica debe llevar al creyente a desarrollar su creatividad y entusiasmo para resolver los dramas del mundo, "no entiende su superioridad como motivo de gloria personal... sino como una gran responsabilidad" (Francisco, 2015b, n. 220).

En varias ocasiones el papa ha descrito el perfil del pastor que él sueña con la imagen del pastor con olor de oveja. Un pastor que sale al encuentro de todos, que echa en falta al que ya no está en el redil, sale en su búsqueda y no se queda encerrado (Francisco, 2016). En su primera misa crismal el 28 de marzo de 2013, dirigiéndose a los sacerdotes, los anima a no ser gestores intermediarios sino pastores que arriesguen su piel por las ovejas. No sacerdotes tristes sino pastores con "olor a oveja" y presentes en medio del pueblo (Francisco, 2013b).

3.4. El Innominado: de la globalización de la indiferencia al poder de la misericordia

A penas cuatro meses después del inicio de su pontificado el 8 de julio de 2013, Francisco hace su primer viaje oficial fuera de Roma. Viaja a Lampedusa, pequeña isla italiana en medio del Mediterráneo entre las costas de Túnez y Sicilia. Belleza natural pero también lugar propicio para el desembarco de pateras repletas de inmigrantes. En la travesía de 100 kilómetros entre Túnez y Lampedusa han perdido la vida veinticinco mil personas en los últimos veinte años (Hernández, I. 2013). Francisco va allí a rezar tras quedar impactado por un naufragio en sus costas ocurrido el 16 de junio, cuando en medio de la indiferencia general, una decena de inmigrantes murieron ahogados intentando, desesperadamente, salvarse agarrándose a una red para pescar atunes. El papa lanzó flores al mar. Con su viaje pretendía rezar por los miles de africanos que mueren cada año, pero también despertar las conciencias para que lo que ha sucedido no se repita. Quiere remover la conciencia de la gente ante este hecho y comentando el Génesis hace dos preguntas: la que Dios hace a Adán tras el pecado: ¿Dónde estás Adán? y la que hace a Caín tras matar a Abel: ¿Dónde está tu hermano? El otro se ha convertido en alguien que molesta en mi vida. No es un hermano. El sueño de ser poderoso lleva a derramar la sangre del hermano (Francisco, 2013d).

En este contexto lo relaciona con la figura del Innominado de Manzoni y afirma: "La globalización de la indiferencia nos hace innominados, responsables anónimos y sin rostro" (Francisco, 2013, párr. 7) de la suerte de los otros. Se pregunta ¿Quién es responsable de esta tragedia? Y la respuesta es unánime: Ninguno. Hemos dejado que el sistema siga adelante y nadie se hace responsable. Hemos perdido el sentido de la responsabilidad fraterna. La cultura del bienestar nos hace insensibles. Pasamos de largo como el sacerdote de la parábola (Francisco, 2013d).

¿Quién es el innominado en la obra de Manzoni? Un hombre terrible, que ayuda a Don Rodrigo a llevar su horrible empresa. Posiblemente, se corresponde históricamente con la figura de Francesco Bernardino Visconti, noble italiano famoso por su deplorable conducta a finales del siglo XV e inicios del XVI (Dattero, 2020). Manzoni dice de él no querer dar ni nombre, ni título, ni rostro. Vivía alejado de la ciudad, no se sentía vinculado a ninguna autoridad y era temido por todos, a los que consideraba inferiores. Su casa era un taller de encargos sangrientos y nadie osaba ponerse por encima de él (Manzoni, 1924, C. XIX). No trabajaba solo. Un grupo de personas siguieron su estela: Gertrude, Egidio, Grisso cumplen sus órdenes para raptar a Lucía por encargo de

Don Rodrigo. Pero la inocencia y el candor de Lucía le derrumba y le hace ver su hastío interior. Un hombre que no sentía la conciencia pero que sentía el cansancio y cierta repugnancia. Un hombre envejecido que teme la llegada lenta de la muerte. Y empieza a escuchar la voz de Dios. En una escena, el Innominado ve desde su atalaya a la gente del pueblo acudiendo con alegría al reclamo del Arzobispo Federico Borromeo y se pregunta: "¡Por un hombre, decía para él, por un hombre tanto alboroto! ¡Tanta alegría! ¿Qué tendrá ese hombre parar causar tanto júbilo?" (Manzoni, 1924, C. XXII, p.284). Esta duda le anima a presentarse ante el cardenal para descubrir la razón de su atracción y cuando éste se encuentra con él le abraza provocando el desarme y rendición total de su alma al amor de Dios.

En las catequesis sobre el discernimiento, durante el 2022, el papa habla que el remordimiento inicial de la conciencia puede ser el inicio del cambio como en el caso del Innominado que "después de una noche terrible, se presenta destrozado donde el cardenal, que se dirige a él con palabras sorprendentes" (Francisco, 2022, párr.3) e introduce el diálogo entre el cardenal Borromeo y el Innominado:

"¿Tenéis alguna buena noticia que darme: ¿por qué me la retardáis? ... ¡Una nueva noticia! ¿yo? ¿Qué buena noticia podré daros teniendo el infierno en el corazón? Decidme si lo sabéis ¿Qué buena noticia puede daros un hombre como yo?... Que Dios le ha tocado en el corazón y quiere hacerle suyo, respondió inmediatamente el Cardenal" (Manzoni, 1924, C. XXIII, p. 297).

En un encuentro organizado por Comunión y Liberación bajo el lema: "Nació tu nombre de lo que mirabas" (Francisco 2019), el papa se refería a la mirada de Dios que cambia como a San Agustín, que fue mirado y entonces vio. Describe la situación de los hombres contemporáneos: solos, abandonados, personas sin rostro, números, meras estadísticas. Ante esta situación, el papa enfatiza la necesidad de ver el rostro de Dios para encontrarnos con nosotros mismos: "Mirar a Jesús purifica nuestra vista y nos prepara para mirar todo con ojos nuevos" (Francisco, 2019, párr. 4) y pone el ejemplo del Innominado que ante el abrazo del arzobispo Federico Borromeo, exclama: "¡Dios es verdaderamente grande! Dios es verdaderamente bueno, ahora me conozco, comprendo quien soy" (Francisco, 2019, párr. 4).

3.5. *Fra Felice y la Iglesia como hospital de campaña*

El 20 de junio de 2020, el papa se dirige a los sanitarios de Lombardía que han trabajado durante el confinamiento por la pandemia, en una sala clementina con sillas separadas, guardando la distancia y con los asistentes con mascarilla. Después de dar las gracias a las autoridades y al personal sanitario, habla del heroísmo con que la sociedad italiana ha sabido afrontar el problema, de que la energía positiva invertida hay que almacenarla y no se puede olvidar y está seguro de que dará frutos para el presente y el futuro y puede suponer un cambio de rumbo. La pandemia ha marcado la vida de las personas y de las comunidades y ahora es necesario construir un mañana. Puede ser una oportunidad, un punto nuevo de partida de una acción renovada y afirma: "Y mirando al futuro me acuerdo de las palabras de Fra Felice en el lazareto, en Milán. Con qué realismo mira la tragedia, mira la muerte, pero mira el futuro y sigue adelante" (Francisco, 2020d, párr. 5).
En muchos casos los sanitarios tuvieron que dar el afecto y el amor a los enfermos que las familias no pudieron dar por la lejanía y la distancia y han sido testimonio de la cercanía y del encuentro. Esa acción da frutos. Podemos salir de la tragedia fortalecidos. Cristo da sentido a esa realidad y a nuestro límite. Es ilusorio centrarlo todo en nosotros mismos y hacer del individualismo el principio rector de la sociedad. Expresa cómo en estos momentos

de pandemia muchos sacerdotes se han volcado en atender al pueblo a pesar de no poder celebrar la eucaristía (Francisco, 2020d), como seguramente harían los frailes del lazareto de la novela manzoniana.

¿Quién era el Fra Felice en la obra de Manzoni? ¿Qué lugar tiene en la historia? ¿Qué discurso hizo que el papa lo toma como ejemplo? Fra Felice era el director del lazareto de Milán durante el momento más álgido de la peste. Las autoridades de Milán, al no encontrar a nadie que se hiciera cargo del lazareto, pidieron a los capuchinos que designaran a uno. Esta persona fue Fra Felice Casati, un hombre maduro, con fama de caridad, de actividad, de mansedumbre y fortaleza de ánimo. Los capuchinos se hicieron cargo del lazareto y ellos mismos lo fueron todo en ese lugar: superintendentes, confesores, administradores, enfermeros, cocineros y despenseros. Eran un ejemplo de solicitud hacia los demás. Fra Felice visitaba a los enfermos y siempre daba ánimos, escuchaba las quejas, reprendía, consolaba y enjugaba las lágrimas. Contrajo la peste, sanó de ella y volvió con nuevos bríos. Vio morir a muchos compañeros, pero siempre estaba alegre. Es muestra, decía Manzoni, de la fuerza del amor (Manzoni, 1924, C. XXXI). Estuvo al frente del lazareto durante siete meses, y tuvo a más de cincuenta mil personas a su cargo. A ese lazareto, llega Renzo buscando a Lucía y allí encuentra al padre Cristóforo quien ayudó a la pareja al inicio del relato. Un hombre que, ante la peste, acude a Milán para dar la vida por el prójimo como siempre lo había deseado. Lorenzo lo ve viejo, demacrado y débil. Le cuenta su historia y Cristóforo le ayuda a buscar a Lucía. Le dice que Fray Felice dará un discurso antes de la salida de los que han sanado y los acompañará para hacer la cuarentena.

En ese discurso Fra Felice recuerda a los que han muerto, a los que quedan sin saber cuál será su fin y a los que han sanado. Bendice a Dios que en su elección ha querido sanar a muchos

para que vivan una vida nueva (Manzoni, 1924, C. XXXVI). El
Papa, como Fra Felice, está seguro de que la pandemia puede ser
un momento de cambio en donde el hombre contemporáneo deje
el individualismo y vuelva la mirada al otro para hacerse cargo los
unos de los otros.

Al final del discurso el papa cita otra vez la obra de Manzoni:
"porque jamás se ha visto que el Señor haya empezado un milagro
sin acabarlo" (Manzoni, 1924, C. XXIV, p.319). Son las palabras
de un sastre, como dice el papa, metido a teólogo fallido. ¿Quién
es este sastre? ¿Por qué era un teólogo fallido? Cuando Lucía es
liberada es llevada a casa de un matrimonio. El dueño de la casa
es un sastre, un hombre leído al que Manzoni le llama el mejor
hombre del mundo. Es un hombre hospitalario, abierto a la acción
de Dios, que se conmueve ante el sermón del cardenal. Anima a
su mujer a acompañar a Don Abundio para traer a Lucía a casa.
Abre las puertas de su casa a Lucía, a la pobreza, a la desolación
y al sufrimiento. Y cuando llega a casa y encuentra a Lucía le da
la bienvenida y le muestra su alegría por su llegada y es cuando
dice las palabras que recoge el Papa: "jamás se ha visto que el Señor haya empezado un milagro sin acabarlo" (Manzoni, 1924, C.
XXIV, p.319).

Es el ejemplo del alma caritativa que piensa: "porque no es una
desgracia el pasar trabajos, ni el ser pobre... la desgracia es obrar
mal" (Manzoni, 1924, C. XXIV, p.320).

4. Conclusión

Francisco nos enseña que hay relatos que construyen a la persona y a las comunidades. Comunicar y educar a través del relato
es necesario. Más que recibir ideas o argumentos el hombre moderno tiene necesidad de historias que le hablen de heroísmo y

santidad. Tiene necesidad de modelos que le lleguen a través del relato y las narraciones. Francisco, como educador, utilizó el relato para formar a sus alumnos y les abrió el hambre por la creación narrativa. A un nivel más personal, el relato por antonomasia para Francisco es la novela *Los Novios* de Alessandro Manzoni. Es el relato presente en su vida desde la infancia, enseñado por su abuela, narrado por su padre y leído por él, al menos tres veces. Esta obra ha configurado su pensamiento y le ha servido para ejemplificar algunos de sus mensajes sociales y eclesiales más importantes.

A nivel eclesial, la obra de Manzoni le ha servido para explicar el tipo de pastor que él sueña. Un pastor como Federico Borromeo, con olor a oveja, que ejerza su autoridad como un servicio porque el mayor poder es servir (Francisco, 2013a). Un pastor misericordioso cuya acción divina suscite en el alejado la conversión y el arrepentimiento, como Federico Borromeo operó en el Innominado. Un pastor que sea modelo del otro pastor, Don Abundio, al que Francisco ha aludido varias veces para explicar el pastor que no quiere, pusilánime, falto de valor y de ánimo, amante de la buena vida, mediocre y lleno de mundanidad espiritual. Igualmente, la obra manzoniana le sirve para ejemplificar la Iglesia que él quiere. La Iglesia como un hospital de campaña, representada en el lazareto de Milán de la novela, al que acceden las heridas de la humanidad doliente que son tratadas con la ternura, la misericordia, la caricia y el amor, que curan los sufrimientos de la gente.

A nivel social, la obra de Manzoni le sirve para explicar mediante imágenes los grandes problemas de nuestro tiempo. Especialmente dos: la inmigración y la pandemia. Lucía y Renzo son representantes de esa humanidad en salida constante, sencilla y pobre que se ve obligada a huir de su tierra y en cuyo periplo experimentan la injusticia de unos y el abandono y descarte de otros. En esa imagen que dio la vuelta al mundo de Francisco lanzando flores al Mediterráneo y rezando por los miles de inmigrantes que habían perdido sus vidas, su recuerdo va a esa obra de su niñez y ante las preguntas de: ¿dónde está tu hermano?, ¿quién tiene la culpa de esto? Su memoria va al Innominado, ese hombre sin rostro ni nombre que ejemplifica la responsabilidad escondida en el anonimato ante esta gran tragedia.

Igualmente, durante la pandemia, Los *Novios* ha estado presente varias veces en sus discursos. Especialmente para acordarse de aquellos que se caracterizaron por su cercanía y ternura hacia los enfermos. Como Fra Felice, Francisco espera que la pandemia suponga una oportunidad de cambio, una transformación de las conductas, un paso del individualismo y el egoísmo a hacernos cargo los unos de los otros, a vivir la solidaridad, a transformar nuestra cultura en la cultura del cuidado.

Bibliografía

Dattero, A. (2020). Viconti, Francesco Bernardino. Dizionario biografico degli italiani. Vol. 99. https://www.treccani.it/enciclopedia/francesco-bernardino-visconti_res-f21c7f12-2815-11eb-aba9-00271042e8d9_(Dizionario-Biografico)/

Francisco. (2013a, 19 de marzo). Homilía del Santo Padre Francisco en la Santa Misa de imposición del palio y entrega del anillo del pescador en el Solemne Inicio del Ministerio Petrino del Obispo De Roma. VATICAN.VA https://www.vatican.va/content/francesco/es/homilies/2013/documents/papa-francesco_20130319_omelia-inizio-pontificato.html

Francisco. (2013b, 28 de marzo) Homilía del Santo Padre Francisco. Misa Crismal. VATICAN.VA https://www.vatican.va/content/francesco/es/homilies/2013/documents/papa-francesco_20130328_messa-crismale.html

Francisco (2013c). Evangelii Gaudium. VATICAN. VA. https://www.vatican.va/content/francesco/es/apost_exhortations/documents/papa-francesco_esortazione-ap_20131124_evangelii-gaudium.html

Francisco. (2013d, 8 de julio). Visita a Lampedusa. Homilía del Santo Padre Francisco. Campo de deportes "Arena". VATICAN.VA https://www.vatican.va/content/francesco/es/homilies/2013/documents/papa-francesco_20130708_omelia-lampedusa.html

Francisco. (2013e, 19 de septiembre). Discurso del Santo Padre Francisco a los participantes en el congreso para los obispos de nuevo nombramiento organizado por la Congregación para las Iglesias Orientales, VATICAN.VA. https://www.vatican.va/content/francesco/es/speeches/2013/september/documents/papa-francesco_20130919_convegno-nuovi-vescovi.html

Francisco. (2014, 10 de mayo). Discurso al mundo de la escuela italiana. VATICAN.VA. https://www.vatican.va/content/francesco/es/speeches/2014/may/documents/papa-francesco_20140510_mondo-della-scuola.html

Francisco. (2015a, 5 de febrero). Clausura del Congreso mundial educativo de "Scholas Occurrentes". VATICAN.VA https://www.vatican.va/content/francesco/es/speeches/2015/february/documents/papa-francesco_20150205_scholas-occurrentes.html

Francisco (2015b). Laudato Si'. VATICAN.VA https://www.vatican.va/content/francesco/es/encyclicals/documents/papa-francesco_20150524_enciclica-laudato-si.html

Francisco. (2016, 4 de mayo). Audiencia General. VATICAN.VA https://www.vatican.va/content/francesco/es/audiences/2016/documents/papa-francesco_20160504_udienza-generale.html

Francisco (2018). Exhortación Apostólica Gaudete et Exultate. VATICAN.VA https://www.vatican.va/content/francesco/es/apost_ex-

hortations/documents/papa-francesco_esortazione-ap_20180319_
gaudete-et-exsultate.html#Tambi%C3%A9n_%20_

Francisco. (2019, 16 de agosto). Mensaje del Santo Padre Francisco, firmado por el Cardenal Secretario de Estado Pietro
Parolin, con ocasión del XI Meeting para la Amistad entre
los Pueblos. VATICAN.VA https://www.vatican.va/content/
francesco/es/messages/pont-messages/2019/documents/papa-
francesco_20190816_messaggio-meeting-rimini.html

Francisco. (2019b, 7 de noviembre). Discurso del Santo Padre
Francisco a los participantes en un congreso internacional del
secretariado para la justicia social la ecología de la Compañía de Jesús. VATICAN.VA https://www.vatican.va/content/
francesco/es/speeches/2019/november/documents/papa-fran-
cesco_20191107_giustiziasociale-ecologia-gesuiti.html

Francisco. (2020a, 24 de enero). Para que puedas contar y grabar
en la memoria (cf. Ex 10,2). La vida se hace historia. Mensaje del Santo Padre Francisco para la 54 Jornada mundial de
las comunicaciones sociales. VATICAN.VA https://www.vati-
can.va/content/francesco/es/messages/communications/docu-
ments/papa-francesco_20200124_messaggio-comunicazioni-
sociali.html

Francisco. (2020b, 15 de marzo). Ángelus. VATICAN.VA https://
www.vatican.va/content/francesco/es/angelus/2020/docu-
ments/papa-francesco_angelus_20200315.html

Francisco. (2020c, 11 de abril). Homilía en la vigilia pascual. VA-
TICAN.VA. https://www.vatican.va/content/francesco/es/ho-
milies/2020/documents/papa-francesco_20200411_omelia-
vegliapasquale.html

Francisco. (2020d, 20 de junio). Discurso del Santo Padre Francisco a los médicos, enfermeros y agentes sanitarios de Lombardía. VATICAN.VA. https://www.vatican.va/content/francesco/

es/speeches/2020/june/documents/papa-francesco_20200620_operatorisanitari-lombardia.html

Francisco. (2021, 20-25 de agosto). Mensaje del Santo Padre Francisco, firmado por el cardenal secretario de estado Pietro Parolin, con ocasión del XLII meeting para la amistad entre los pueblos. VATICAN.VA. https://www.vatican.va/content/francesco/es/messages/pont-messages/2021/documents/20210729-messaggio-meeting-rimini.html

Francisco. (2022, 26 de octubre). Audiencia General. VATICAN.VA. https://www.vatican.va/content/francesco/es/audiences/2022/documents/20221026-udienza-generale.htm

Francisco. (2023, 24 de enero). Mensaje del Santo Padre Francisco para la 57 Jornada Mundial de las Comunicaciones Sociales. Hablar con el corazón, en la verdad y en el amor (Ef 4,15). VATICAN.VA. https://www.vatican.va/content/francesco/es/messages/communications/documents/20230124-messaggio-comunicazioni-sociali.html

Hernández, I. (2013, 8 de julio). Francisco llora por los inmigrantes. EL MUNDO. https://www.elmundo.es/elmundo/2013/07/08/internacional/1373241368.html

Ivereigh, A. (2015). El gran reformador. Ediciones B.

Manzoni, A. (1924). *Los Novios*. Historia milanesa del siglo XVI. Librería de los sucesores de Hernando.

Martínez-Carbonell, A. (2015). El pensamiento educativo de Jorge Bergoglio a partir de sus mensajes sobre educación desde 1999 a 2013. Escuela Abierta, 18, 75-94.

Martínez-Carbonell, A. (2018). El pensamiento educativo del Papa Francisco ante los retos educativos actuales. En L. Franchi (Ed.). Catholicism, Culture, Education (pp.35-44). L'Harmattan.

Milia, J., (2014). El Maestrillo. Ediciones Mensajero.

Spadaro, A. (2013) Intervista a papa Francesco. *Civiltá Cattolica*, 3918(3), 449-477.

Spadaro, A. (2023, 3 de marzo). El mapa de Bergoglio. O cómo la literatura lee el corazón del hombre y ayuda a acoger el deseo, el esplendor y la miseria. LA CIVILTÀ. https://www.lacivil-tacattolica.es/2023/03/03/el-mapa-de-bergoglio/

La educación para la virtud en el amor conyugal a través de *El Taller del Orfebre* de Karol Wojtyla

Jesús Ibáñez Pérez

Universidad Católica de Valencia San Vicente Mártir

Introducción

El legado de San Juan Pablo II es de una magnitud sobradamente conocida. Su enorme labor pastoral como pontífice de la Iglesia Católica durante casi 30 años fue complementada por una vasta producción literaria como filósofo, teólogo, poeta e incluso como dramaturgo.

Pero hay una virtud que destaca por encima de su extraordinaria capacidad intelectual y artística, nos referimos aquí a su integridad personal que se refleja en la impresionante continuidad que se percibe tanto en todos sus escritos como en su propia vida (Ferrer, 2011).

Desde sus primeros textos de juventud, como la recién traducida al castellano Jeremías de 1940, hasta su *Tríptico romano* de 2003, Wojtyla muestra un constante y genuino interés por escudriñar los misterios insondables que se esconden bajo el "ser persona" insistiendo en claves como la centralidad de la libertad, la tensión propia de la responsabilidad que tiene cada persona con el devenir de su propia vida, el drama de la existencia, la victoria de la esperanza frente al fatalismo, la esencia amorosa inscrita en la naturaleza humana, el anhelo de comunión, el papel de la acción humana para revelar qué o quién es el hombre, y tantas otras cuestiones (Álvarez, 2021).

Dos obras clave de su producción filosófica son *Amor y responsabilidad* (1966) y *Persona y acción* (1982), ambas escritas antes de su pontificado y muy cercanas en el tiempo con su obra teatral *El taller del orfebre* (1960), especialmente relacionada con la primera. *Persona y acción* es la obra culmen del pensamiento antropológico de Wojtyla. Partiendo del análisis de la acción personal va descubriendo las propiedades y estructuras que conforman el dinamismo personal: la consciencia, la moralidad, la voluntad, la libertad, la trascendencia, la integración, la participación o las estructuras de autodeterminación y autoteleología (Wojtyla, 2011).

Por su parte, *Amor y responsabilidad* es el desarrollo de una ética sexual muy novedosa para su tiempo, enfocada desde el proyecto de relación personal que supone la unión entre el hombre y la mujer, poniendo el énfasis en "lo que conduce al bien y al mal mutuo", sin entrar en casuística. Pretende ser una guía para vivir la sexualidad en plenitud de modo que conduzca a la felicidad. Una guía inspirada por las inquietudes de los jóvenes a los que acompañaba en su labor pastoral (Wojtyla, 2016).

1. Algunas notas sobre la ética y el amor en Karol Wojtyla

Karol Wojtyla desarrolló sus principales ideas sobre la ética en su periodo como profesor de ética de la Universidad Católica de Lublin (1954-1961). Muy sintéticamente podríamos decir que su ética descansa sobre dos grandes pilares: las tesis centrales de la ética realista de Tomás de Aquino y algunas ideas –principalmente ciertas cuestiones metodológicas– de la ética fenomenológica de Max Scheler. Cabe decir que Kant también jugó un papel importante para inspirar en Wojtyla la norma personalista (Burgos, 2011).

Wojtyla no desarrolló un sistema ético completo y cerrado, más bien su empeño estuvo dirigido a justificar el por qué había que comportarse éticamente y en acercar la ética al ámbito de la experiencia personal concreta. Una de las claves la encontramos en su perspectiva autoteleológica (Marín, 2013). La propia auto-determinación se realiza a través de la acción personal, "el hombre se hace bueno o malo en sentido moral mediante sus acciones, mediante su actividad consciente" (Wojtyla, 2011, p. 162). La persona se autodetermina en un sentido moral. La vida plena se va experimentando a través de un proceso de autoperfeccionamiento que consiste en dirigir la propia vida hacia la realización del bien moral. Para Wojtyla, sobre la persona recae la responsabilidad del devenir de su propia vida y en cada una de sus acciones se va determinando a sí misma, de modo que la persona es sujeto, pero también objeto de la acción para sí misma.

La influencia que tuvo la ética de los valores de Max Scheler sobre el pensamiento de Wojtyla es muy notable. Aunque fue crítico con las conclusiones alcanzadas por el fenomenólogo alemán, alabó su método y lo utilizó "a su manera", buscando un mayor equilibrio entre idealismo y realismo (McLean, 2008). Este hecho permite comprender que Wojtyla acceda a la cuestión de la virtud partiendo de la experiencia interior de la persona, la consciencia que tiene de sí misma, sus acciones y las consecuencias que se derivan de ellas. Se trata de una aproximación a la virtuosidad de las personas en su existencia concreta.

Para Wojtyla, las virtudes son habilidades que pone en prácti-ca la persona, relacionadas con el proceso de integración que a lo largo de toda la vida emprende y mediante el cual la perfecciona "y conduce gradualmente a la voluntad, guiada por la luz del co-nocimiento intelectual, para que (...) sepa acoger y elegir lo que es verdaderamente bueno y rechazar lo que es verdaderamente malo" (Wojtyla, 2011, pp. 363-364). Así pues, lo bueno está vinculado a lo verdadero. La persona se trasciende en la acción ajustando sus actos libres al bien y a la verdad, o como dirá Hildebrand (2020) respondiendo a tales valores.

Debido al poder normativo de la verdad, cuando ésta es descubierta, nace en el hombre una conciencia de deber. Se trata del deber de corresponder a esa verdad. De esta manera surge la exigencia de las normas, los mandamientos y las leyes. Desde esta perspectiva los mandatos brotan del interior del hombre, aunque hacen referencia a verdades objetivas (Guerra, 2006). Por lo tanto, en este proceso de captación de verdades y realización del bien están particularmente implicados la consciencia, la inteligencia, la moralidad y la voluntad.

Pero este proceso involucra otra propiedad, la emotividad. La emoción es la reacción que revela el valor que otorgamos a un objeto (Wojtyla, 2016). Las emociones nos permiten vivenciarnos a nosotros mismos. También es propio de ellas su componente valorativo («me siento bien», «me siento mal» y sus matices), es decir, son agradables o desagradables. En la esfera de la emotividad se distingue la excitación, que tiene indirectamente un carácter apetitivo, solicita dirigirnos hacia algo o evitar algo. Cuando la persona siente esta experiencia de atracción o repulsión en el ámbito de los valores espirituales (verdad, bien y belleza), Wojtyla prefiere usar el término de conmoción (Wojtyla, 2011).

La esfera emotiva requiere ser integrada en la persona, dirigida hacia la realización del verdadero bien. Este verdadero bien tiene, por tanto, un cierto poder de atracción. Lo que hace la persona en el ejercicio de su voluntad es crear una resistencia frente a este poder de atracción o, por el contrario, dejarse llevar por ese mismo poder. La vida entera implica la realización de esta tarea para la propia persona, que ha de vivir una saludable tensión por evitar la "desintegración", por autoposeerse y autodominarse y procurar dirigirse hacia un perfeccionamiento moral a pesar de las frecuentes dificultades que tal tarea acarrea (Wojtyla, 2011, p. 279).

Los análisis de Wojtyla lo conducen a descubrir una norma que está por encima de todas las demás, la norma personalista: "la persona es un bien respecto al cual sólo el amor constituye la actitud apropiada y válida" (Wojtyla, 2016, p. 52). Esta norma es "un dinamismo real e intrínseco al ser personal" no accidental, pero tampoco derivado de una consciencia con capacidad para constituirse a sí misma (Ferrer, 2014, p. 480). Wojtyla plantea esta actitud amorosa como la actitud contraria a usar las personas como un instrumento. Amar consiste en reconocer y someterse libremente al valor de cada persona humana. Supone una tendencia a la comunión y a la adhesión a favor de "un bien objetivo que puede unir a las personas" (Wojtyla, 2011, p. 48). Amar es "la realización más alta de las posibilidades del ser humano" (Wojtyla, 2016, p. 102).

El amor conyugal es un contexto especialmente interesante para comprender este tipo de amor ya que permite que la donación de uno mismo se despliegue con una mayor profundidad. En la relación conyugal se puede observar cómo el ejercicio de la virtud se concreta, entre otras muchas formas, en la integración del impulso sexual en orden a la norma personalista. Esto es, en esencia, lo que la ética clásica ha entendido como castidad.

Wojtyla entiende el amor como una realidad dinámica que ha de ir creciendo en un proceso de maduración. Yves Semen (2016) sintetiza muy bien las distintas fases que diferencia el filósofo polaco:

La primera fase es el amor de atracción. Se identifica con la experiencia de simpatía hacia otra persona. En esta fase del amor todavía no interfiere la voluntad. Involucra fundamentalmente la esfera emotiva. Es un fenómeno que sucede pasivamente en la persona debido a la percepción positiva de unos valores en el otro. Requiere la verificación de esas cualidades supuestamente positivas, ya que pueden ser fruto de una atribución equivocada o fantasiosa. La segunda fase es el amor de deseo. Se identifica con el estado de enamoramiento. Implica la percepción del otro como un bien para uno mismo. Aunque se trate todavía de una fase poco madura del amor que tiene el riesgo de querer utilizar al otro como un medio para la satisfacción propia, es una forma normal del amor que encuentra su razón de ser en "la aspiración de la naturaleza humana a realizarse plenamente en la conjunción de la masculinidad y de la feminidad" (Semen, 2016, p. 21).

La tercera fase es el amor de benevolencia. Se identifica con la amistad. Supone un descentramiento, salir de uno mismo y mirar al otro deseando su bien, incluso por encima del bien propio. No elimina los estadios anteriores del amor, más bien los integra y eleva a una nueva dimensión. Puede conducir a confirmar la elección o a renunciar al otro si se descubre que el verdadero bien para el otro así lo exige.

La cuarta fase es el amor esponsal. Se identifica con el amor propio de los esposos que supone el don de uno mismo hacia el otro. No es la entrega de una parte de la persona por muy valiosa que sea (entregar toda la vida, todo el tiempo, todo el esfuerzo, etc.), sino la entrega de la persona entera, entregarse a uno mismo. Es un amor reflejo del amor de Dios que se expresa particularmente en la entrega de sí mismo por medio de Jesucristo. Supone querer el bien del otro hasta tal punto que lleva a desear amarle como el propio Dios ama. Por este mismo hecho de que se trata de un amor que trasciende el ámbito de lo propiamente humano, requiere acudir a la fuente de este amor, requiere de la Gracia Divina el poder realizarlo.

2. Educación de la virtud a través del relato

A lo largo de la historia de la humanidad, todo tipo de narraciones han sido utilizadas como medio de transmisión de valores y de formación del carácter (Carr y Harrison, 2015), aunque quizás no siempre con la misma eficacia. Por ejemplo, varios estudios apuntan en la dirección de que las narraciones son especialmente influyentes para el desarrollo de las virtudes cuando sus protagonistas son personas reales, en comparación con aquellas en las que sus personajes son animales u objetos antropomorfizados (Larsen et al., 2018; Lee et al., 2014).

Los motivos que permiten comprender la eficacia de las narraciones para la educación del carácter son diversos.

Por un lado, una forma de pensamiento predominante en la cognición humana es el pensamiento narrativo. Este tipo de pensamiento es cualitativamente diferente del pensamiento proposicional abstracto o científico. Mediante la narrativa construimos nuestra identidad y dotamos de orden y significado a la vida (Ricoeur, 2008). Según Vitz (1990), las narrativas conducen al desarrollo moral debido a que también están implicadas en el desarrollo de la empatía, el cuidado y el compromiso, la interacción interpersonal o la personalidad.

Otro motivo que podría explicar la influencia que ejercen las narraciones en el desarrollo del carácter de las personas tiene que ver con su especial capacidad para activar emociones. De hecho, el desarrollo de virtudes implica en cierta medida crear disposiciones emocionales para la acción (Etxaniz, 2011).

Desde el punto de vista de la teoría del aprendizaje vicario, la observación de modelos de comportamiento es uno de los procesos de aprendizaje más importantes para promover el desarrollo moral de las personas. No tanto por una cuestión de simple imitación, sino porque a través de la observación las personas captan e integran las reglas que rigen la forma de actuar de los modelos, facilitando así la posible ejecución posterior de esas reglas adaptándolas a otros contextos (Bandura, 1969; Beal y Garrod, 1997; Caputo, 2000). Aunque el aprendizaje observacional parece relacionarse más fácilmente con las narraciones que incluyen medios visuales (teatro, cine, etc.), cabe plantearse su influencia en otros tipos de narración que activan la imaginación y permiten la visualización interna del comportamiento de los personajes, dado que desde la neurociencia se viene mostrando que el cerebro se activa de forma muy parecida en ambos casos (Alibali y Nathan, 2018; Berends, 2013).

3. El taller del orfebre y la virtud en el amor conyugal

El taller del orfebre (Wojtyla, 1980) es una obra de teatro rapsódico escrita por Karol Wojtyla durante sus primeros años como Obispo Auxiliar de Cracovia y titular de Ombi. Fue publicada por primera vez en 1960 en la revista Znak. Durante este periodo su Polonia natal vivía tiempos de ocupación comunista y de gran represión social y cultural, lo cual explica la escasez de medios que destina para la puesta en escena. Esta cuestión la resuelve dando un papel central a la palabra. Ante el caos y ante la nada, es la palabra la que surge con su poder creador. La palabra es, de algún modo, signo de rebeldía, signo de poder trasformador y, a la vez, signo de la dignidad humana mancillada en tiempos de barbarie (Feijoo, 2014).

En esta obra Wojtyla nos presenta 6 vidas humanas, 3 relaciones amorosas (Teresa y Andrés, Ana y Esteban, Mónica y Cristóbal) que giran en torno al gran protagonista: Dios −representado por el orfebre−. Son éstos, modelos encarnados de virtud, a la vez que personas muy comunes cuyas vidas están traspasadas por el drama del sufrimiento y la miseria humana, lo que permite que cualquier espectador pueda identificarse fácilmente con alguno de los personajes y sentirse interpelado.

Al igual que sucede en otras obras literarias del filósofo polaco, el diálogo, entendido como actitud de encuentro personal abierto a la verdad y a la trascendencia, impregna el estilo de todo el texto (Żukowska-Gardzińska, 2020). Este rasgo no se limita a los diálogos internos a la trama, sino que tiene un alcance mayor. El texto consigue entablar un diálogo con el propio lector-espectador introduciéndolo de forma activa en el proceso meditativo al que induce. Un proceso meditativo que se infiere en el estilo que impregna la escritura de Wojtyla, plagada de recurrencias, de una continua profundización en los significados de ciertos conceptos clave, así como en el valor que otorga a las pausas y silencios (Żukowska-Gardzińska, 2020).

En sus líneas resuena una llamada: ¡Mirad qué profunda es la existencia del hombre, mirad el peso de sus acciones, mirad los anhelos de su corazón, mirad cómo sufren, pero mirad también que existe una fuerza más grande que ellos mismos capaz de transformarlos, capaz de dirigir y ordenar sus pasiones hacia el bien, capaz de dirigirles —a pesar de las dificultades— hacia el amor! ¡Mírate a ti! ¡Busca esa fuerza, busca esa luz que ofrece la mirada del orfebre, que es la mirada de Dios!

3.1. Primer acto: Los signos

El primer acto está dedicado a Teresa y Andrés. Mediante un monólogo a dos voces los personajes meditan sobre la pedida de mano, la elección del anillo o algunos recuerdos de su noviazgo que son evocados a raíz del importante paso que están a punto de dar.

Es interesante observar, por ejemplo, cómo a través de la propia experiencia Andrés va creciendo en el amor. En momentos

pasados de su vida la simple fascinación producida por lo captado
por los sentidos dirigía su propia acción. Todavía su forma de experimentar el amor se situaba en el ámbito de la atracción:

> Pues mis sentidos se alimentaban, a cada paso,
> del encanto de las mujeres que se cruzaban
> conmigo.
> En varias ocasiones traté de seguirlas,
> y me encontré con islas deshabitadas.
> Pensé entonces que la belleza accesible
> a los sentidos
> puede convertirse en un don difícil y peligroso;
> sé de personas que por su causa dañan a otras
> —así, lentamente, aprendí a valorar la belleza
> accesible al espíritu, es decir, la verdad (Wojtyla, 1980, p. 6).

Pero cuando conoce a Teresa ha aumentado su consciencia de
la diferencia entre "lo que siente" y "lo que conviene", integrando
los sentimientos a través de su propia voluntad. Se trata de un
enamoramiento que va siendo verificado y consentido progresi-
vamente:

> Después de un cierto tiempo noté
> que ella se encontraba en el ámbito
> de mi atención,
> es decir, que debía interesarme por ella,
> y que aceptaba con gusto la idea de tener que
> hacerlo.
> Sin duda habría podido no actuar tal y como
> sentía,
> pero comprendí que esto carecía
> de sentido.
> Era evidente que en Teresa había algo
> que sintonizaba con mi personalidad (Wojtyla, 1980, p. 5).

El problema no reside en la emoción como elemento desintegrador. La pasión y el erotismo son parte del amor. La cuestión consiste en la integración de la pasión al nivel de la persona, enmarcada en el proyecto vital-existencial que se ha de transitar. En Teresa y Andrés se observa cómo el fervor de los comienzos y la ilusión del enamoramiento es totalmente compatible con el uso de la razón, con el discernimiento que implica tomar una decisión de gran calado existencial para el devenir de la vida de ambos. Lo podemos observar cuando dice Teresa:

> Caminábamos precisamente por el lado derecho
> de la plaza,
> cuando Andrés se volvió hacia mí y dijo:
> ¿Quieres ser la compañera de mi vida?
> Lo dijo así. No dijo: quieres ser mi mujer,
> sino: la compañera de mi vida.
> Lo que iba a decirme era, pues, premeditado.
> Y lo dijo mirando hacia delante, como si temiera
> leer en mis ojos,
> y al mismo tiempo como si quisiera indicar
> que frente a nosotros hay un camino, cuyo fin
> no podemos ver
> —hay un camino o por lo menos puede haberlo,
> si yo a su petición contesto "sí" (Wojtyla, 1980, pp. 3-4).

O cuando más tarde reflexiona Andrés:

> Hoy Teresa me ha preguntado:
> Andrés, ¿crees en los signos?
> Y cuando, extrañado de su pregunta
> me he detenido un instante
> a mirar, sorprendido, a los ojos
> de mi prometida —desde hacía un cuarto de
> hora—

me ha contado los pensamientos
que no se alejan de su mente
desde aquella noche en la montaña (Wojtyla, 1980, p. 12).

Resulta edificante contemplar la forma de hablarse de estos
novios que son, de algún modo, modelo de relación profunda y
madura, no exenta de limitaciones. En estos versos se trasluce un
amor benevolente que pide ser elevado a amor esponsal. No será
un camino fácil el que les espera. Cuestión que queda bien clara en
el matrimonio que Wojtyla nos presenta durante el segundo acto.

3.2. Segundo acto: El Esposo

En Ana y Esteban se palpa de un modo muy dramático el
sufrimiento del amor roto, de la confianza perdida, de la herida
supurante de un corazón que no puede entregarse al otro. El proyecto matrimonial de Ana y Esteban se ha truncado. Ana se siente
traicionada, es incapaz de perdonar a Esteban e inicia una obsesiva
búsqueda por llenar el vacío de su corazón a través de posibles
pseudoamores, bajo una mano protectora que le protege de dañar-
se en exceso. En este acto, a través del monólogo interior de Ana y
de su diálogo con Adán, Wojtyla presenta una reflexión muy profunda sobre la naturaleza del amor. Como, por ejemplo, cuando
Ana se cuestiona si el amor es algo más que un sentimiento:

¿No es la verdad aquello que con más fuerza
sentimos?
(…) y el amor ¿no es acaso problema de sentidos y de
atmósfera?
Ambos se combinan y hacen que dos personas
se muevan
en el círculo de sus afectos –y ésta es toda
la verdad (Wojtyla, 1980, pp. 48-49).

Ana también reflexiona sobre la posible imprudencia que supone confiar y entregarte totalmente a otra persona. ¿Es el compromiso un ejercicio de libertad? ¿O es más bien una forma de poner límites a la misma?:

> ¿No es algo terrible
> condenar las paredes del propio corazón
> a poseer un solo morador,
> que puede desheredarte
> y quitarte en cierto modo tu lugar
> dentro de ti misma? (Wojtyla, 1980, p. 38).

O sobre la finitud del amor:

> ¿Es que realmente he experimentado
> una decepción y un desengaño?
> ¿No será el curso normal de las cosas
> determinado por la historia de dos personas? (Wojtyla, 1980, p. 37).

Las palabras de dolor que expresa Ana traspasan el umbral físico del texto −o del escenario− y entran en el corazón de cada lector-espectador, en el cual, reverberan como ecos de los propios desamores y de las propias dudas −superadas, o no− sobre los límites del amor.

En el fondo, este dolor es fruto del anhelo insatisfecho de Ana −y de todo ser humano− de vivir en el Amor. Más aún, de haberse sentido tratada justamente de modo opuesto, utilizada como un mero instrumento:

> Me dejó con la herida oculta,
> pensando seguramente "ya se le pasará".
> Confiaba tal vez en sus derechos;
> yo, en cambio, deseaba que los conquistase

sin cesar.
No quería sentirme como objeto
que no se puede perder,
cuando se ha adquirido en propiedad (Wojtyla, 1980, p. 39).

Ese amor que por ser más que un efímero sentimiento requiere una permanente actualización. Implica una tarea constante de perfeccionamiento en el amor:

> ¿Pero es que el amor ha de ser un compromiso?
> ¿No debería nacer continuamente de la lucha
> por el amor de la otra persona? (Wojtyla, 1980, p. 39).

La desesperación va sumiendo a Ana en una vorágine de vaciedad, pero gracias a la intervención salvífica de Adán –que aparece justo a tiempo cual ángel o profeta a rescatar a Ana– comienza a descubrir qué –en realidad, Quién– es realmente el Amor:

> El amor no es una aventura. Posee el sabor de toda
> la persona. Tiene su peso específico. Y el peso de
> todo su destino. No puede durar sólo un instante. La
> eternidad del hombre lo compenetra. Por esto se le
> encuentra en las dimensiones de Dios. Porque sólo Él
> es la eternidad (Wojtyla, 1980, pp. 55-56).

Adán va ayudando a Ana a conocer sus propias limitaciones para amar. Como, por ejemplo, cuando le muestra el binomio inseparable entre amor y verdad, y le hace una llamada a integrar sus afectos y sus razonamientos en orden a estos criterios:

> ¡No es lícito realmente dejar el pensamiento
> y la imaginación a solas!
> ¿Qué es, pues, lo que ha de acompañarlo?
> preguntó Ana–

El pensamiento —naturalmente— ha de ir con la verdad (Wojtyla, 1980, p. 48).

Es el encuentro con el Esposo —en referencia a la parábola de las vírgenes prudentes— lo que permite que Ana reemprenda el "camino del amor que perfecciona" (Wojtyla, 1980, p. 97). En el tercer acto, Ana consigue sobreponerse al sentimiento de desdén y de miedo, comienza a disponerse para poder perdonar a Esteban, se abre así una pequeña grieta en su coraza, empieza a brillar una luz de esperanza por un amor restaurado, que se cimienta sobre el verdadero Amor, que es Dios:

> (…) ya no le desprecio, he dejado
> de alimentar el desconsuelo,
> el terrible desconsuelo de la vida, que él
> me ha echado a perder.
> He comenzado a buscar la culpa también
> en mí misma. La había.
> Ya no interrumpo sus conversaciones. Ya no me
> callo para humillarle.
> Tal vez ha cambiado —no lo sé. Pero se ha
> vuelto menos irritable.
> A él también le es más fácil ahora soportar
> mi presencia.
> Ya no nos alejamos el uno del otro a la velocidad
> de antes.
> Ahora parece como si todo se hubiera detenido (Wojtyla, 1980, p. 96).

3.3. Tercer acto: Los hijos

Ser hijo significa ser engendrado, tener un origen, ser parte de una comunidad familiar, pertenecer a una historia y tradición, haber recibido la vida como un don. Es ésta una experiencia elemental del ser humano que ocupa un lugar fundamental en la conciencia de uno mismo (Arráez, 2013). La referencia originaria al padre hace del vínculo padre-hijo un elemento clave en la configuración de la personalidad de cada cual, tal y como muestra Wojtyla en el tercer acto.

Este último acto gira en torno a la boda de Mónica −hija de Ana y Esteban− y Cristóbal −hijo de Teresa y Andrés−, más concretamente reflexiona sobre cómo el amor en cada persona es siempre novedad, creación original y cómo, al mismo tiempo, está impregnado inevitablemente de un pasado, de un punto de partida, fundamentalmente relacionado con la relación con ese origen que representan los padres.

Cristóbal sufre por la ausencia de modelo de paternidad, debido a que a muy temprana edad su padre marchó al frente y murió en combate. Teme reproducir de alguna forma esa ausencia en su relación con Mónica y le inquieta no ser el marido y padre que debería ser por carecer de referencias.

Por su parte, Mónica teme que su matrimonio termine roto al igual que el de sus padres. La experiencia de sus padres ha creado en ella una duda constante sobre la perdurabilidad del amor:

> Mis padres viven como dos extraños,
> no existe aquella unidad en la que todos soñamos
> cuando se quiere aceptar una vida compartida,
> cuando deseamos darla. ¿No será todo una equivocación, querido,
> no pasará?
> ¿Te alejarás algún día, como mi padre,
> que es un extraño en su propia casa? ¿Me iré yo
> como mi madre,
> que también se ha vuelto otra extraña?
> ¿Puede el amor humano perdurar a lo largo de toda la vida?
> (Wojtyla, 1980, pp. 78-79).

Lejos de vivir un romanticismo ingenuo, en un momento tan crucial en la historia de dos personas como es la recepción del sacramento del matrimonio, Mónica y Cristóbal están llenos de temor. Este miedo, que no opaca al amor, es signo de clara conciencia de la importancia del paso que están a punto de dar:

> Lo que ahora me invade es sentimiento de amor,
> —pero me invade también una cierta aprensión del futuro,
> y es el miedo (Wojtyla, 1980, p. 79).

Sin duda se trata de un miedo inevitable, de un sentimiento que adecuadamente integrado en la personalidad permite la realización del amor. Ese mismo miedo, no integrado, podría llevar a bloquear la acción de la persona y paralizarla en su propia realización. Es este un tema que también es tratado a través de Teresa, cuando dialoga en su intimidad con su difunto esposo:

> No tienes idea, esposo mío, de lo terrible que es el miedo,
> que linda con la esperanza y cada día irrumpe en ella.
> No hay esperanza sin miedo, ni miedo
> sin esperanza (Wojtyla, 1980, p. 75).

En este diálogo se observa cómo existe en Teresa la convicción de que Andrés sigue presente. Andrés perdura de algún modo dentro de Teresa a pesar de que físicamente ya no esté. Wojtyla muestra como el amor implica esta especie de invasión del otro de la propia interioridad. Mónica también lo percibe en Cristóbal:

> Tu padre se fue y cayó en el frente, pero la
> unión ha perdurado
> —tú has sido su protector, el amor ha pasado a
> través de ti (Wojtyla, 1980, p. 78).

De hecho, la experiencia de Ana atestigua esta falta de presencia que no es una ausencia física de su marido sino una ausencia amorosa:

> Esteban de pronto dejó de estar dentro de mí.
> ¿También había dejado yo de estar dentro de él?
> ¿Era mera sensación
> de que no estaba ya dentro de mí?
> ¡Qué extraña me sentía al principio
> en lo hondo de mí misma!
> Como si me hubiera ya desacostumbrado a las
> paredes de mi interior tan
> llenas habían estado de Esteban,
> que sin él me parecían vacías (Wojtyla, 1980, p. 38).

De nuevo la cuestión versa sobre la esencia del amor. El amor es aquello que el corazón humano anhela. Es aquello que permite la realización completa del hombre. La norma personalista expresa este anhelo a modo de principio ético y fundamentado antropológicamente. Pero la experiencia cotidiana va mostrando tozudamente los límites que encontramos para vivir este amor.

Mónica es especialmente consciente de sus propias miserias, no sólo se ve incapaz de amar, sino que además se ve indigna de ser amada:

> Tomas una muchacha difícil, demasiado sensible,
> que se encierra fácilmente en sí misma y rompe
> con dificultad
> el círculo en el que su propio «yo» la recluye
> sin cesar.
> Tomas una persona que absorbe quizá más
> de lo que tú eres capaz de darle,
> y da, a cambio, con excesiva parquedad (Wojtyla, 1980, p. 81).

Pero a través de Cristóbal, Wojtyla muestra cómo el amor trasciende la lógica humana. Por un lado, Cristóbal tiene la experiencia de que la ama no sólo por cómo es —o por sus rasgos más externos—, ni tampoco únicamente por la persona que es —o por su interioridad y dignidad personal—, sino por razones misteriosas a su inteligencia que van más allá de lo que ella misma es:

> No puedo pasar más allá de ti misma. No se ama
> a una persona
> porque tenga «buen carácter». A decir verdad,
> ¿por qué se ama?
> ¿Por qué te amo, Mónica? No me obligues
> a contestar.
> No sabría responderte. El amor trasciende
> su propio objeto,
> o bien se acerca tanto a él, que casi lo pierde
> de vista (Wojtyla, 1980, p. 82).

Por su parte Teresa, en una de sus numerosas muestras de actitud protectora y maternal, exhibe su preocupación por que Cristóbal y Mónica encuentren el verdadero y único cimiento sobre el que es posible construir un amor que supere los límites de lo humano.

> (…) Se dejan llevar de
> la ilusión y no tratan de fundar su amor en el Amor,
> que sí posee la dimensión absoluta. Ni siquiera sospechan
> esta exigencia, porque les ciega no tanto la
> fuerza del sentimiento —cuanto la falta de humildad.
> Es la falta de humildad ante lo que el amor debe ser
> en su verdadera esencia. Cuanto más conscientes son
> de ello, tanto menor es el peligro. En caso contrario,
> el peligro es grande: el amor entonces no soporta el
> peso de la vida (Wojtyla, 1980, p. 98).

El Amor de Dios es la fuente de la que sabe que sus hijos han de beber para superar su pasado y construir un amor que se sobreponga a todas las dificultades que irán llegando. De ahí su empeño por que su hijo no pierda nunca la referencia del Orfebre, dirigiendo su atención hacia Él y mostrándole lo importante que ha sido para su propia vida.

4. Conclusión

En el presente trabajo no se ha pretendido realizar un análisis exhaustivo del contenido de la obra *El taller del orfebre* –requeriría mucha más amplitud dada la vasta riqueza del texto en meditaciones y simbología–, más bien se han destacado algunos pocos elementos que sirven de fundamento para apoyar la convicción de que se trata de un texto muy valioso a nivel pedagógico para la educación en virtudes en el ámbito del amor conyugal y para aproximarse a la antropología wojtyliana.

Para ello, hemos partido de las dos principales obras sobre ética y antropología de Karol Wojtyla. De forma muy escueta se han esbozado algunas ideas importantes derivadas de estas obras para enlazarlas con el posterior comentario sobre El taller orfebre, poniendo el énfasis en algunas cuestiones derivadas de la ética wojtyliana en el ámbito específico del amor conyugal. Cabe resaltar al respecto, la llamativa continuidad y coherencia existente en la obra antropología, ética y dramática del pensador polaco.

Hemos evidenciado que algunas cuestiones clave del pensamiento wojtyliano como la norma personalista, el poder normativo de la verdad, el proceso de integración personal, la autoteleología, la consciencia o la autoposesión y el autodominio están presentes en este drama sobre el matrimonio. De modo que a través de *El taller del orfebre* es posible propiciar un acercamiento al pensamiento del autor polaco de un modo menos teórico y más ejemplificado. *El taller del orfebre* es una profunda y esperanzadora meditación sobre la esencia del amor, rica en simbología y llena de reflexiones íntimas que consiguen reflejar la interioridad de las personas y expresar con elevado realismo el drama de la vida, consiguiendo generar una gran conmoción que permite disponer al lector-espectador hacia la vida virtuosa y dirigirla hacia la verdadera fuente de virtud, el Amor de Dios.

Las historias que encarnan los protagonistas de la obra ejercen un poder de modelado que invitan a la aspiración de una vida conyugal en plenitud, al deseo de vivir un amor realmente maduro. Aunque sin duda alguna es el propio Karol Wojtyla-Juan Pablo II quien mejor nos anima a transitar el camino hacia una vida santa a través del testimonio real de su propia vida, ejemplo imperecedero de virtud heroica.

Bibliografía

Alibali, M. W. y Nathan, M. J. (2018). Embodied Cognition in Learning and Teaching: Action, Observation, and Imagination. En F. Fischer, C. E. Hmelo-Silver, S. R. Goldman y P. Reimann (Eds.), *International Handbook of The Learning Sciences* (pp. 75-85). Routledge. https://doi.org/10.4324/9781315617572

Álvarez, N. G. (2021). Más Allá de la Ilustración Francesa: El Humanismo Polaco de Karol Wojtyła. *Quién: revista de filosofía personalista,* (14), 71-89. https://bit.ly/4437LZX

Arráez, J. G. M. (2013). La Paternidad en El Taller del Orfebre, Esplendor de Paternidad y Tríptico Romano. *Carthaginensia: Revista de estudios e investigación, 29*(55), 89-121. https://bit.ly/47GHVOG

Berends, H. I., Wolkorte, R., Ijzerman, M. J. y Van Putten, M. J. A. M. (2013). Differential Cortical Activation During Observation and Observation-and-Imagination. *Experimental brain research, 229*, 337-345. https://doi.org/10.1007/s00221-013-3571-8

Burgos, J. M. (Ed.). (2011). *La Filosofía Personalista de Karol Wojtyla*. Palabra.

Carr, D. y Harrison, T. (2015). *Educating Character Through Stories*. Andrews UK Limited.

Feijoo, J. A. (2014). "El Taller del Orfebre". Acercamiento a la Obra Teatral de Karol Wojtyla. *Auriensia: publicación anual del Instituto Teológico "Divino Maestro" de la Diócesis de Ourense, 17*, 235-254.

Ferrer, P. (2011). El Acercamiento a la Realidad en la Obra Poética y Dramática de Karol Wojtyla. En J. M. Burgos (Ed.), *La Filosofía Personalista de Karol Wojtyla* (pp. 25-43). Palabra.

Ferrer, U. (2014). La Noción de Experiencia Ética en Karol Wojtyla. *Studia Ełckie, 16*(4), 471-481. https://bit.ly/3CbMzmY

Guerra, R. (2006). Repensar la Vida Moral. Experiencia Moral, Teoría de la Moralidad y Antropología Normativa en la Filosofía de Karol Wojtyla. *Tópicos. Revista de Filosofía, 31*, 83-102. https://doi.org/gvfd

Larsen, N. E., Lee, K. y Ganea, P. A. (2018). Do Storybooks with Anthropomorphized Animal Characters Promote Prosocial Behaviors in Young Children? *Developmental Science, 21*(3), e12590. https://doi.org/10.1111/desc.12590

Lee, K., Talwar, V., McCarthy, A., Ross, I., Evans, A. y Arruda, C. (2014). Can Classic Moral Stories Promote Honesty in Children? *Psychological science, 25*(8), 1630-1636. https://doi.org/10.1177/0956797614536401

Marín, J. L. (2013). *La Raíz Fenomenológica de Karol Wojtyla: Método, Conciencia y Subjetividad*. [Tesis Doctoral]. Universidad de Murcia, Murcia. https://bit.ly/3aPYoDM

McLean, G. F. (2008). Prologue. Karol Wojtyla's Mutual Enrichment of the Philosophies of Being and Consciousness. En A. B. Mardas, N. Curry y G. F. McLean (Eds.), *Karol Wojtyla's Philosophical Legacy* (pp. 15-29). Council for Research in Values & Philosophy.

Ricoeur, P. (2008). *Tiempo y Narración. Vol. I.* Siglo XXI.

Vitz, P. C. (1990). The Use of Stories in Moral Development: New Psychological Reasons For An Old Education Method. *American Psychologist, 45*(6), 709–720. https://doi.org/10.1037/0003-066X.45.6.709

Von Hildebrand, D. (2020). *Ética.* Encuentro.

Wojtyla, K. (1980). *El Taller del Orfebre.* BAC.

Wojtyla, K. (2011). *Persona y Acción.* Palabra.

Wojtyla, K. (2016). *Amor y Responsabilidad.* Palabra.

Semen, Y. (2016). *El Amor en la Familia según Juan Pablo II.* Desclée De Brouwer.

María modelo de todas las virtudes
en el purgatorio de la *Divina Comedia* de Dante

Francisco Javier González Remis
Centro de Estudios Universitarios Cardenal Spínola CEU

En una meditación sobre el Ave María, Santo Tomás de Aquino afirma que ella es "ejemplo de todas las virtudes". El Aquinate alude a dos: la humildad y la castidad, dando por hecho que es así en todas las demás virtudes. Si quisiéramos continuar ese elenco de ejemplos podríamos echar mano de Dante en el extraordinario relato poético de su camino por el purgatorio[1]. En él, aparece María como el ejemplo *par excellence* de todas las virtudes en contraposición a los vicios que en cada una de las siete cornisas se purgan. A través de la belleza de imágenes y palabras encarnadas en personajes reales o ficticios, Dante nos presenta la fealdad del vicio y la hermosura de la virtud informada por la gracia[2].

---

1. En cuanto a la relación de todas las virtudes en María, Dante puede que lo haya tomado de la obra medieval atribuida a S. Buenaventura *Speculum Beatae Mariae Virginis*.

2. Es más apropiada la visión netamente cristiana del purgatorio ya que en ella confluyen muchos elementos que no puede ser pasados por alto y que constituyen un fundamento netamente teológico de las virtudes presentadas por Dante. Para esta visión véase: CORBETT G., *Dante's Christian Ethics. Purgatory and Its Moral Contexts*, (Cambridge 2020) 67-85.

En estos relatos de vicio y virtud, destaca de una manera sencillamente aludida la figura de la Bienaventurada Virgen. A Dante le bastan las pequeñas alusiones evangélicas sobre María para arrojar la luz ejemplar de toda virtud. La madre de Cristo es clave para Dante. Su función como mediadora prevalece en toda la obra del poeta. En el purgatorio, María aparece como ejemplo de toda virtud perfecta.

En su carta a Cangrande, Dante clasifica la obra entera de la *Divina comedia* como una obra de ética (*morale negotium, sive ethica*). De aquí que resulte muy pertinente utilizar esta obra como una verdadera joya literaria en cuanto a la virtud se refiere.

En la *Divina comedia*, cada personaje que Dante encuentra tiene una historia que contar. La historia de una perdición total, la historia de una salvación en la esperanza o la historia de una vida acorde con Dios que ha culminado en el paraíso. En el purgatorio, Dante estructura este camino según los vicios capitales que las almas deben purificar para hacer cuentas con el mal[3.] Se trata de un camino análogo al de la vida terrena, pero con la diferencia de que en este lugar, la salvación ya ha acontecido dentro de los límites de la incoherencia y la fragilidad humanas. El purgatorio como afirma Nembrini (2016) es la "entrada en un mundo donde uno se lleva todo lo que es, también su límite y su mal, pero dentro de una positividad última" (p.32).

Un ángel marca con su espada siete pes en la frente de Dante, significando que cada una de ellas representa los pecados capitales que se deben purgar. A más purificación menos pesadumbre, mayor avance y acercamiento a la luz divina.

---

3. En cuanto a la estructura del purgatorio algunos lo relacionan con la moral de Santo Tomás de Aquino, pero hay quienes más bien hacen ver que se trata más de una estructuración más acorde a la de Guillelmus Peraldus en su tratado de *Summa de virtutibus et vitiis*.

La secuencia que se da en las cornisas es igual en casi todas. Antes del vicio se anuncia la virtud y, posteriormente, comienza el relato de algunas almas que están cumpliendo con el sufrimiento de la esperanza.

¿Qué es lo que mueve a todas estas almas? Es el amor. El amor "es semilla de todas las virtudes" (Purg. XVII, 103-105) pero es también, el que nos puede llevar al vicio y hacernos merecedores del castigo. El amor está en el origen de la búsqueda de todo bien, aunque éste sea aparente. Como afirma McInerny (2010) "el gran universal para Dante es el amor. Éste permea todo el universo porque se encuentra en su mismo origen" (p.39). Lo mismo para Barceló (2021) la obra de Dante "puede resumirse en lo siguiente. El amor, más que una pasión propia y exclusiva del hombre, es una fuerza universal activa que se manifiesta en todos los niveles de la existencia" (p.9). Sentado este principio, María es el perfecto ejemplo de todas las virtudes, porque ella es la que tiene "la llave del amor supremo" dice Dante. Si ella es la que tiene llave del amor supremo entonces es el ejemplo perfecto de toda virtud. Por eso ella será en todas las cornisas, la luz ejemplar que ilumina la virtud y que desvanece cualquier vicio.

En primer lugar, está el "triforme amor" (Purg. XVII, 24): la soberbia, la envidia y la ira. Lo llama así, ya que como más arriba mencioné, este es el principio motor del hombre en cada acción. La soberbia ama la propia excelencia, la envidia los bienes ajenos y la ira la satisfacción de la venganza.

Así recrimina Dante a los soberbios del purgatorio y en esta corrección hallamos dos conceptos que nos ayudarán a comprender este pecado capital:

"Oh, cristianos soberbios, infelices/ que, enfermos de la vista de la mente, la fe ponéis en pasos que atrás vuelven" (Purg. X, 121-123).

La soberbia del hombre no es sino en palabras de Dante, más que una "enfermedad de la vista de la mente", es decir, el hombre se mira a sí mismo como superior a los demás e incluso a Dios. La soberbia es la percepción (vista de la mente) de nosotros mismos de una manera distorsionada (enfermedad). La cura para esta soberbia está en la postura de María ante Dios. Dante contempla en un mármol puro y blanco el anuncio del ángel a María, y ella, en sus labios "tenía modelado el *Ecce Ancilla Dei*". El hombre debe aprender de María la humildad. Una humildad que no tuvo Omberto Aldobrandeschi por enorgullecerse de su linaje[4] y otros tantos en el orden de la literatura y del arte. "Qué poco dura el verde de la cumbre" (Purg. X, 92) dirá el poema.

Otra manera de describir la soberbia es un reproche que lanza Dante a aquellos que purgan la altivez humana. "La fe ponéis en pasos que atrás vuelven" (Purg. X, 123). El hombre que se tiene fe a sí mismo se ha vuelto loco, decía Chesterton (1998, p. 11). La soberbia humana en vez de avanzar hace que retroceda todo progreso humano verdadero[5]. El ejemplo de la "pura y sin mancha" es el remedio a este veneno que hace del hombre un demonio[6]. La fe de María quebranta esta fe falsa del hombre en sí mismo. Y ¿por qué vuelve atrás? Porque la soberbia es un peso, una carga

---

4. La sangre antigua y las gloriosas obras/de mis mayores, arrogancia tanta/me dieron, que ignorando a nuestra madre/común, todos los hombres despreciaba (Purg. XI, 61-64).

5. El canto XII es una lista de ejemplos de soberbia que se levanta contra Dios, contra sí mismo en la vanagloria y contra el prójimo. De las estrofas 23-63 hay una acróstico que viene a formar la palabra "Vom" que significa hombre. El soberbio, quizás nos quiera recordar Dante con esto, no es más que un hombre, una criatura finita.

6. El primer ejemplo del cántico XII es precisamente el de la caída de Lucifer. "Veía a aquel que noble fue creado/más que criatura alguna, de los cielos/como un rayo caer, por una parte". (Purg. XII, 25-27). Clara referencia a lo que Cristo dice en el Evangelio sobre este hecho misterioso (Lc 10, 18).

que impide ir hacia arriba, hacia la altura verdadera de la grandeza humana.

En el *fiat* de la Virgen, el hombre purifica su altivez. Como
resultado de esta purificación, se cura la enfermedad de la vista
de la mente y se desprende del alma el peso de la soberbia. Por
eso Dante, al salir de este primer escalón siente que es aliviado
de una fatiga[7] y que sus pensamientos se han vuelto "sencillos y
humildes".

Si la soberbia es mirada enferma hacia uno mismo, la envidia
es una mirada enferma hacia el bien o los bienes del prójimo y
un deseo o complacencia en los males ajenos. El castigo es muy
gráfico y doloroso: "pues un alambre a todos les cosía/ y horadaba
los párpados" (Purg. XIII, 71-172). La virtud anunciada antes del
vicio de la envidia es la de aquella que intercede por los novios en
las bodas de Caná. Dante escucha una voz: "*Vinum non habent*"
(Purgatorio XIII, 29). María es el ejemplo de quien se alegra del
bien del prójimo y se duele de su mal con la intención de ali-
viarlo. María se adelanta a la necesidad de los otros. Las almas
que purgan este vicio por ello claman: "¡Ora, María por nosotros
ora!" (Purg. XIII, 50). Estas almas que desearon lo que no tenían
(la fama o gloria de otros) y rechazaron lo que les había dado la
Providencia, ahora sí que desean "ver la luz suprema, única aspiración de vuestro anhelo" (Purg. XIII, 86-87). Ahora que ya están
purgando aquella inclinación, realmente desean lo que hay que
desear, ambicionan lo que realmente hay que ambicionar.

Si en la ambición y la envidia el hombre ve las diferencias y no
puede soportarlas, en este lugar no hay distinción de raza, nación
o linaje. Por eso Dante al preguntar si alguna de entre ellas es la-
tina le responde al fondo una de ellas: "Oh hermano todos somos

---

7. "Maestro ¿qué pesada/carga me han levantado, que ninguna/ fatiga casi
tengo caminando?" (Purg. XII, 118-120).

ciudadanos/de una ciudad auténtica; tú dices/ que viviese en Italia peregrina" (Purg. XIII, 44-46).

En el purgatorio, las almas entienden que el bien se difunde sin disminuir, porque se trata del verdadero bien del que todos participan, aunque en unos sea mayor que otros, ya que el amor que allí se vive en el cielo, es un amor reflectivo, es decir, que se comunica a los demás y crece. "Cuanta más gente ama allá arriba,/hay allí más amor, y más se ama,/y unos y otros son como los espejos" (Purg. XV, 73-75).

En la tercera cornisa, Dante se detiene ante una visión de una escena fija donde hay un templo y multitud de gente. La figura que destaca en esta escena es la de una "mujer dulce". Y ésta, interroga: "Hijo ¿por qué lo has hecho? Preocupados, tu padre y yo te estábamos buscando" (Purg. XV, 85-90). Antes que la ira o el reproche está la dulzura. Así hace María con Jesús. Los iracundos en el infierno de Dante, al contrario, aparecen como perros rabiosos (Infierno, VIII, 42). Esta visión junto con otras que Dante experimenta, son para "abrir tu corazón a aquellas aguas de paz que emanan de la fuente eterna" (Purg. XV, 130-131).

En la devoción a los siete dolores de María, uno de ellos es precisamente la pérdida del niño Jesús en el templo. María no es un bloque de hielo insensible, por lo que el reproche no es un acto de ira sino de mansedumbre. No le ciega la pasión sino que domina la gracia, "las aguas de paz que emanan de la fuente eterna". Los iracundos cantan a una voz el *Agnus Dei*: el canto por excelencia de la mansedumbre del Cordero de Dios que se deja degollar (Purg. XVI, 19-21).

El lugar de los iracundos purgantes es un sitio imposibilitado para la visión ya que está cubierto por un humo de tal espesor y aspereza que no deja ver. Clara alusión metafórica a la ira que ciega a la razón y de la sociedad que vive bajo las pasiones. Por eso, una de las almas que se dirige a Dante le habla de este modo: "el mundo es ciego y tú de él vienes" (Purg. XVI, 66). En los tercetos que siguen, encontramos una verdadera descripción de lo que es la libertad humana y de la responsabilidad de los actos humanos. Dios no es el causante de la maldad del mundo. "La causa de que el mundo se desvíe/ hay que buscarla dónde está: en vosotros,/y te lo voy a demostrar ahora" (Purgatorio XVI, 82-84).

En medio del elenco de vicios y virtudes, Dante sabe introducir de manera natural, cuestiones que son de gran importancia y que atañen al misterio del mal y de la infinita bondad y justicia divinas. En definitiva, si el hombre se pierde es porque yerra al perseguir un bien pequeño si una guía o un freno no consiguen detenerlo. La guía de los maestros y el freno de la virtud.

Dante, avanza y consigue entrar en el sitio donde se purga el amor insuficiente. Es en este canto, donde encontramos una excelente descripción de la moralidad. Las cornisas inferiores purgan el triforme amor equivocado (soberbia, envidia, ira) y ahora nos encontramos con los pecados a causa de la escasa o excesiva fuerza. En esta cornisa, Virgilio explica a Dante lo que es el pecado de la asidia: "Aquí se purga el incompleto y escaso amor del bien" (Purg. XVII 85-86)[8].

En esta cuarta cornisa, dos almas de entre la turba que se mueve, gritan llorando: "Corrió María apresurada al monte" (Purg. XVIII, 100). El ejemplo de María es el del celo por el bien, pero no cualquier bien, sino el de aquel que precisamente los acidiosos han evitado en vida: el divino. La prontitud de María es ahora la que les empuja a decir: "Raudo, raudo, que el tiempo no se pierda por poco amor" (Purg. XVIII, 104). El tiempo perdido no es por no amar, sino por mal amar. Y el mal amar viene

---

8. En la suma de Santo Tomás de Aquino la asidia está antes que la envidia. Esto se debe a que en la asidia existe una tristeza por un bien divino y en la envidia una tristeza por un bien ajeno humano. *ST II-IIae, c.35.*

de no elegir el verdadero bien del hombre. En el canto anterior (XVII) Dante nos explica los dos tipos de amor que existen: "el natural o de ánimo" (XVII, 93). El natural como aquel que todo ser persigue como el bien propio de su naturaleza y el de ánimo como aquel que el hombre debe elegir libremente conforme a su naturaleza. Es aquí donde radica el peligro de torcer el amor de ánimo hacia el mal. Para mantener el amor del verdadero bien debe establecerse un equilibrio, una jerarquía. "Mientras que se dirige [el amor de ánimo] al bien primero,/y en el segundo él mismo se controla [los bienes secundarios]/ no puede ser razón de mal deleite" (Purg. XVII, 97-99). En el Evangelio encontramos el trasfondo verdadero de estos versos: "Buscad primero el Reino de los cielos y su justicia [el bien primero] y lo demás se os dará por añadidura [bien secundario]" (...) Invertir esta jerarquía es lo que lleva al hombre a la abundancia aparente de la añadidura (placeres, posesiones) y la carencia devastadora de sentido (suicidios, pobreza, desigualdad, abuso de poder, etc.). Nada puede saciar al hombre si su búsqueda no empieza y no acaba en el bien divino[9].

María es por lo tanto el ejemplo perfecto del amor por el bien verdadero del hombre, y de la presteza con que hay que buscarlo sin demora. La "*gravitas*" de María esta en el hecho de llevar en su vientre el sentido de la existencia, de la historia, al Verbo de Dios hecho carne. En ella se pueden aplicar a la perfección las palabras de San Agustín: "*amor meus pondus meum*". El amor es el peso de María y, paradójicamente es el que le hace ir más rauda, más diligente. Para la sociedad actual, ese peso, el del amor a Dios, es insoportable, paralizante, estorboso. La acedia, huye de este peso

---

9. En el Convivio, Dante hace una extraordinaria descripción de la dinámica del deseo en forma piramidal, donde la base del deseo de todo bien y la finalidad del mismo está en Dios, véase: Id., *Convivio* IV, 12.

del amor divino, para correr rápido a los brazos de la inmediatez placentera que ofrece el mundo. En ello no ha de encontrar más que decepción y tristeza profunda. "¡Cuidado que eres ligera para cambiar tu estilo de vida! Egipto te va a decepcionar, igual que ocurrió con Asiria" (Jr 2, 36)[10].

Lo que atormenta a estas almas, que en realidad es el tormento común de todas las cornisas, es haber amado tan tarde a Dios. El lamento de Belacqua en el canto IV del purgatorio, podría ponerse perfectamente en labios de todas las miles y millones de almas que habitan este lugar: "me di muy tarde al buen suspiro" (Purg. IV, 132)[11].

Como preludio a los siguientes vicios que se purgan en las últimas tres cornisas (avaricia, gula y lujuria) Dante tiene un sueño. Se trata de la visión hórrida de una mujer monstruosa (tartamuda, bizca, pies torcidos y manos mancas). Pero su cantar atrapa la mente de Dante.

"Yo soy –cantaba– la dulce sirena,/que en la mar enloquece a los marinos;/tan grande es el placer que da oírme" (Purg. XIX, 18-21). Dante, que se encuentra embobado por la sirena, reacciona cuando Virgilio rasga la vestidura de la mujer y esta desprende un hedor insoportable. En estos breves tercetos se pueden verificar algunos elementos de lo que es el pecado:

Como un acto que aparta del camino[12]. "Yo aparté a Ulises de su incierta ruta…" (Purg. XIX, 23) dice la sirena. El concepto

---

10. Para una profundización en este pecado capital: TOMÁS DE AQUINO, ST II-IIae. q.35. También: NAULT J.C, *The noonday Devil. Acedia, the unamed evil of our times* (San Francisco 2013); SNELL R.J., *Acedia and its discontents. Metaphysical Boredom in an Empire of Desire* (Ohio 2015).

11. Un semejante lamento, pero esta vez de uno de los más grandes santos de nuestra historia es el de San Agustín: "¡Tarde te amé, hermosura tan antigua y tan nueva, tarde te amé!".

12. PIEPER J., *The concept of sin* (Indiana 2001), 16.

bíblico de pecado tiene esta acepción de salirse del camino, perder el rumbo, fallar en el objetivo.

Una seducción que esconde un veneno, un acto que va en contra del bien del hombre. Una realidad putrefacta, horrible[13]. Precisamente, los purgantes que siguen cayeron en manos de esta sirena engañosa, pero no fueron del todo devorados por ella. Los avariciosos se encuentran inmovilizados en el suelo, manos y pies atados. Los ejemplos son varios, incluyendo –el primero de todos– el de un pontífice (Adriano V). La prioridad de lo material domina estas moradas y en la avaricia se purga el haber tenido los ojos fijos sólo en lo terreno. Una de estas almas alaba a María: "Fuiste tú tan pobre/cuanto se puede ver por el cobijo/ donde tu santa carga depusiste" (Purg. XX, 22-24). El verdadero tesoro es Aquel que María deposita en el pesebre.

Llegamos a la gula, que se purga con la sed y el hambre de un árbol que desprende un olor divino. De la fronda se escucha una alabanza a María: "Más pensaba María en que las bodas/ fueran honradas, que en su boca,/esa que ahora intercede por vosotros" (Purg. XXI, 142-144). Aquí María aparece de nuevo como el ejemplo de la templanza que refrena la insana tendencia de convertir el vientre en nuestro dios. Si bien el texto puede parecer forzado, el ejemplo de María en el olvido de sí y de lo que puede ser la necesidad corporal arroja luz sobre este vicio. El hombre llevado del ansia de comer y de ir más allá de la medida pierde la visión de conjunto, hace de él un animal bruto. Es el camino a otras muchas faltas. Pensemos en el rico Epulón del Evangelio y de las desastrosas consecuencias del sibaritismo de nuestro tiempo que lleva a los

---

13. Se dice de Santa Catalina de Siena, tener la percepción de un alma en pecado por el olor que esta desprendía. En un plano más profundo, Santa Teresa de Jesús tiene la gracia de ver lo horrible que era un alma en pecado. Ver en: *Libro de la vida*, cap. 38, 24-25.

hombres y mujeres a cometer no sólo actos de glotonería sino de caridad y justicia, sin mencionar que este tipo de vida potencia el desorden sexual[14].

Por último, la cornisa de los lujuriosos va precedida por un canto y luego el grito de: "Virum non cognosco" (Purg. XXV, 128). María es el ejemplo de la pureza. Una pureza de la que el mundo se burla y hace mofa. Aquí se purga el desorden de la impureza en el ámbito antinatural (sodomía) y en el natural (adulterio, fornicación). Se trata del desorden de lo que constituye la pulsión fundamental de la conservación de la especie dentro del matrimonio. La moralidad sexual es moral matrimonial. Por ello Dante pone en boca de estas almas una alabanza a esta célula primordial de la sociedad: "Luego a cantar volvían; y de esposas y de maridos castos proclamaban,/cual la virtud y el matrimonio imponen" (Purg. XXV. 133-135).

Este camino que atormenta pero que no mata nos recuerda que la vida es un camino hacia el destino, y ese camino debe darse en modo adecuado, es decir, en una relación verdadera con la creación de Dios. Para esto se ejerce la virtud, para respetar la voluntad de Dios.

El resultado de la purgación y el ejercicio de las virtudes es el que Virgilio describe a Dante una vez que está a punto de cruzar hacia la región de la luz indefectible:

"No esperes mis palabras, ni consejos/ya; libre, sano y recto es tu albedrío,/y fuera error no obrar lo que él te diga/y por esto te mitro y te corono" (Purg., XXVII, 139-141). Las tres palabras que describen el libre albedrío una vez completamente purificado son el ideal de toda educación. Es libre, porque ya no hay condicionamientos del mundo y de la carne. Se encuentra libre de la

---

14. Así relacionaban los padres del desierto la gula con la lujuria. Cfr.,CORBETT G., Dante´s Ethics..., 87-88.

esclavitud de las pasiones desordenadas. Es sano, porque ahora es vigoroso, fuerte y dispuesto para obrar en el amor verdadero. Es recto, porque busca el verdadero bien y no el aparente en el que somos con tanta facilidad engañados. Ahora Dante sabe el camino que lleva al Bien sumo. "Por eso te mitro y te corono": se trata del premio que espera a los justos. La virtud alcanza, en definitiva, lo que se contiene en la definición de San Agustín: el amor rectamente ordenado.

Para culminar la referencia a la Virgen en el purgatorio, Dante ingresa en lo que fuera el paraíso terrenal, perdido por la audacia de Eva, que "no consintió vivir con velo alguno" (Purg. XXIX, 27). A la figura de Eva le sucede aquella de María, con un Ave cantado por los ancianos del pueblo de Israel. El paraíso perdido es recuperado por la nueva Eva. En ella se han cumplido todas las promesas de Dios.

"Veinticuatro ancianos avanzaban por parejas./Cantaban: Entre todas Benedicta/las nacidas de Adán, y eternamente/benditas sean las bellezas tuyas" (Purg. XXIX, 84-87).

Lejos de ser María un constructo humano de una idealización devota, se trata de la previsión de Dios, del plan divino desde la eternidad, en el que María juega un papel único e irrepetible.

El breve recorrido por las siete cornisas que hemos hecho, invita a adentrarse de una manera más directa y personal con este bello y cincelado poema de Dante. La efectividad para comunicar belleza, a la vez que horror al vicio y amor a la virtud proviene de su método de ejemplaridad. La divina comedia no es un manual de moral, y sin embargo está henchida de filosofía y teología en forma de ejemplos y discursos que salen de la boca de personajes concretos. Dante es un genio y por ello esta obra no puede quedar fuera de la lista de un verdadero clásico. Los clásicos como bien dice Kreeft (1989) son como las vacas, ya que siempre "dan leche fresca" (p. 7).

Bibliografía

Barceló J. (2021). *Para leer la divina Comedia*. Ediciones Tácitas.

Corbett G. (2020). *Dante's Ethics. Purgatory and its moral contexts*. Cambridge.

Crespo A. (1999). *Dante y su obra*. El acantilado.

Kreeft P. (1989). *Three philosophies of life. Ecclesiastes: Life as Vanity. Job: Life as suffering. Song of songs: Life as love*. Ignatius Press.

Mcinerny R. (2010). *Dante and the blessed Virgin*. University of Notre Dame Press.

Micó J.M., (traducción y comentario) (2018). *Dante Alighieri. Comedia*. El acantilado.

Nembrini F. (2016). *Dante, poeta del deseo. Purgatorio*. Ediciones Encuentro.

Pieper J. (2001). *The concept of sin*. St. Agustine's Press.